Lectures de

Les Fausses Confidences

de Marivaux

René Demoris

lectures de...

les Fausses Confidences

de Marivaux

l'être et le paraître

René Demoris
Professeur de Littérature française
à l'Université de la Sorbonne Nouvelle

BELIN 8, rue Férou, 75006 PARIS

DiA

Collections DIA

dirigées par Daniel et Martin Andler

Dans la même série :

lectures de

les Amis inconnus de Supervielle
l'Art de conférer de Montaigne
Candide de Voltaire
le Château de Kafka
les Contemplations de Hugo
de la Démocratie en Amérique de Tocqueville
le Désert des Tartares de Buzzati
Dom Juan de Molière
Éloges de Saint-John Perse
l'Esprit des lois (I, II, III) de Montesquieu
les Fausses Confidences de Marivaux
les Fleurs du mal de Baudelaire
Jules César de Shakespeare
le Mariage de Figaro de Beaumarchais
le Pavillon d'Or de Mishima
Une vie de Maupassant

textes

l'Art, *vol. 1 et 2*
l'Histoire, *vol. 1 et 2*
le Langage, *vol. 1 et 2*
la Liberté, *vol. 1 et 2*
le Travail

ISBN 2-7011-1099-8

(Roger-Viollet.)

TABLE

DOSSIER

I. Qui écrit ?

Le 16 mars 1737, les *Fausses Confidences* sont représentées au Théâtre Italien, avec peu de succès, semble-t-il. En juillet 1738, la pièce est « généralement applaudie ». C'est la dernière « grande » pièce de Marivaux (les suivantes n'auront qu'un acte), qui, de 1742, date de son élection à l'Académie française, jusqu'à sa mort en 1763, n'écrira presque plus rien.

En 1715, la mort de Louis XIV marque rituellement le début du siècle des Lumières. Marivaux, à cette date âgé de 27 ans, a déjà produit quatre romans qui remplissent aujourd'hui un volume de la Pléiade. Il s'est formé à la phase terminale de ce long déclin du grand règne, déclin amorcé dès 1685, avec l'exil et la persécution des protestants, les guerres ruineuses au succès indécis, le raidissement d'une monarchie qui prend les couleurs de la tyrannie, et la misère croissante. Vauban et Fénelon rêvent d'un roi qui tienne un peu compte du bonheur de ses sujets et d'une aristocratie retrouvant quelque pouvoir. L'expérience de la Régence, positive à d'autres égards, montrera la vanité de cette dernière nostalgie, avec la disparition, en 1718, de la Polysynodie (ou gouvernement des conseils). L'année 1720, où Marivaux commence sa carrière théâtrale, marque le moment d'une reprise en main religieuse et politique qui touche le Parlement et les jansénistes, tandis que s'achève dans la faillite et la fuite l'aventure de Law, devenu contrôleur général des finances : aventure salutaire aux finances de l'État, mais désastreuse pour beaucoup de particuliers, à commencer par notre auteur. La période troublée de la Régence s'achève, et on en revient, sous le ministère de Dubois (1720-1723) puis de Fleury (1726-1743) à une pratique modérée de la monarchie absolue. S'ouvre alors une période de relative prospérité économique succédant à la longue dépression du XVIIe siècle et caractérisée, chez les gouvernants, par le souci d'assurer l'ordre intérieur et de préserver, autant que faire se peut, la paix extérieure (les guerres de la Succession de Pologne en 1733 et de la Succession d'Autriche ont une ampleur limitée). Si l'enrichissement est inégal, le temps des famines et des grandes épidémies (la dernière est celle de Marseille en 1720-1721) est révolu. La rente foncière s'élève, élément capital dans une économie essentiellement agricole, où cependant, sous l'impulsion donnée par Law, commence à se développer le grand commerce colonial (Voltaire, entre autres, s'y enrichira). La monnaie est stabilisée en 1726, pour une cinquantaine d'années, situation favorable à l'activité des manufactures. Mais l'équilibre social n'est pas encore menacé par le développement d'un capitalisme qui tient une place encore réduite dans l'économie générale. Ses bénéfices viennent d'ailleurs le plus souvent se réinvestir, de façon traditionnelle, dans l'achat de charges qui anoblissent ou de terres. Tels sont les traits essentiels de cette époque, placée, selon les termes de Jean Ehrard, sous le signe de l'aménagement plus que de l'innovation, les changements devenant plus sensibles après 1750, où débute, dans l'ordre des idées, le temps de l'Encyclopédie. A cette date, Marivaux a produit la presque totalité de son œuvre.

Pour une meilleure compréhension des *Fausses Confidences,* deux points sont ici à souligner : la situation de Marivaux dans la littérature de l'« époque », et sa place dans l'univers social.

A. MARIVAUX ET LA LITTÉRATURE

Dès 1712, à l'heure où il écrit le *Père prudent et équitable,* Marivaux était entré dans l'arène littéraire, et il y appartenait même à un parti, celui des Modernes. L'opposition entre partisans des Anciens et des Modernes parcourt tout le XVIIe siècle, mais elle s'était transformée en querelle ouverte en 1687, lorsque Charles Perrault avait lu à l'Académie son poème sur *le Siècle de Louis le Grand* où il réclamait le droit de tenir l'Antiquité pour « vénérable », mais non pour « adorable ». Distinction qui vise la foi aveugle portée à l'Antiquité par ses sectateurs. La querelle ne devait se terminer qu'en 1694, avec la réconciliation de Perrault et de Boileau. Elle avait permis au premier de produire ses fameux *Parallèles,* auxquels il ne fut guère répondu, du moins de façon pertinente. En 1713, elle se rallumait à propos de l'adaptation de *l'Iliade* par un Moderne, Houdar de la Motte ; Fénelon, partisan modéré des Anciens, s'applique à calmer les esprits. A cette affaire, Marivaux, protégé de Fontenelle, participe activement par un *Homère travesti,* transcription burlesque de *l'Iliade,* mais publiée un peu trop tard en 1716, alors que cette seconde querelle est déjà terminée.

Ce n'est pas le lieu de rappeler tous les enjeux de la bataille, mais ceux seulement qui intéressent Marivaux. Son modernisme est d'abord celui de Fontenelle : chez l'auteur de l'*Histoire des Oracles,* la mise en question de la tradition dans le domaine littéraire comme dans le scientifique s'accompagne d'une pratique mondaine de la langue, qui privilégie l'agrément, le naturel, mais aussi, éventuellement, la pointe, contre le souci de grandeur qui habite les partisans des Anciens. Tout comme son père spirituel, Marivaux appartient à ce mouvement que Frédéric Deloffre a décrit comme une « nouvelle préciosité », qui se développe notamment dans le salon de Mme de Lambert, que fréquente Marivaux. Dans l'Avertissement des *Serments indiscrets,* en 1732, l'auteur indiquera formellement son intention de « saisir le langage de la conversation et la tournure des idées familières et variées qui y viennent ». Longtemps avant, et notamment dans ses *Journaux,* il aura dit son souci d'échapper aux conventions de la langue écrite et du projet livresque, pour toucher à la complexité véritable de ce qui se passe dans l'esprit humain. Car s'il s'agit de plaire, il s'agit aussi de connaître et de communiquer ses pensées. En 1734, dans le *Cabinet du philosophe,* Marivaux répondra fort clairement à l'accusation de préciosité : il est vain d'attaquer le style d'un auteur ; ce qui importe est la qualité de ses pensées, et celui qui pense finement et de façon neuve a le droit et le devoir de disposer les mots de sa langue dans un ordre inhabituel et surprenant, ou même d'inventer des expressions nouvelles. C'est défendre en substance la cause du « néologisme », qui avait valu à Marivaux de sévères critiques. Se trouve ainsi mise en question l'idée classique d'une nécessaire convenance entre forme et fond.

Les premiers romans de Marivaux, avant 1715, montrent bien comment son modernisme le conduit à rejeter un autre critère classique, celui du « vraisemblable », et à exhiber une conscience aiguë de l'artifice que suppose toute œuvre littéraire. *Les Effets surprenants de la sympathie* sont une reprise, à la limite de la parodie, des thèmes et des procédés chers au roman baroque d'avant 1660, tandis que le *Pharsamon* et le *Télémaque travesti* obéissent au modèle du « roman critique » défini par le *Don Quichotte* de Cervantès. Il est peu vraisemblable en effet que deux paysans d'Ile de France se soient pris un jour pour les héros du *Télémaque* de Fénelon (égratigné dans cette parodie comme défenseur des Anciens). Mais qu'importe si tous les sujets, comme le déclare le *Pharsamon,* ne sont jamais que des « riens », et si « la manière de raconter est toujours l'unique cause du plaisir ou de l'ennui qu'un récit inspire... ». Dans la pratique, l'expérience de Marivaux bouscule ici la sacro-sainte hiérarchie des genres, et lui permet, au nom d'un maniérisme ouvertement anti-classique, d'aborder justement des sujets que nous nous tendrions à qualifier de réalistes : l'histoire du petit paysan voleur de pommes dans *Pharsamon,* et aussi de manière plus inattendue, dans le *Télémaque travesti,* un témoignage sur la répression des révoltes protestantes dans les Cévennes... Même alliance des contraires dans la *Voiture embourbée,* où un incident banal (une scène de genre, dirait-on en peinture) évoqué par le titre, donne l'occasion aux voyageurs de la voiture d'inventer, pour se désennuyer, un « roman impromptu » où se déchaînent les fantasmes, de façon parfois délirante.

Le modernisme de Marivaux lui donne les moyens d'une exploration des formes narratives, dont l'audace ne doit pas être sous-estimée. On en trouvera la suite dans l'invention des *Journaux,* où la fiction d'un énonciateur unique — un « spectateur » ou un « indigent philosophe » — permet de réunir des éléments divers qui eussent relevé de genres aussi différents que le roman, la nouvelle, le conte, la lettre, le traité de morale, etc. Il y a là un trait d'époque : entre 1685 et 1725 à peu près, ce qu'il y a de plus vivant dans la production littéraire se cherche à travers des formes nouvelles, souvent nées du télescopage et de la brisure de formes traditionnelles, ou inventées à partir de formes non littéraires : ainsi des pseudo-mémoires historiques de Courtilz de Sandras, ou encore de ces contes de fées dont la vogue commence en 1695 et qu'illustre notamment le héraut des modernes, Charles Perrault. Occasion de rappeler aussi que ces contes furent pour la plupart écrits par des femmes et qu'ils illustrent fort bien cette primauté de la *manière* sur la *matière,* qu'évoquera Marivaux : ce féminin-là marque tout le parti des Modernes, et Perrault s'était fait l'apologiste des femmes contre la misogynie de Boileau.

Il convient d'insister sur ce passé, car il explique, dès le XVIIIe siècle, certaine vision réductrice que l'on se forme de Marivaux. Le goût des « modernes » traduit les appétits de toute une fraction de la société, notamment bourgeoise, qui ne se reconnaît plus dans les fastes monarchiques de Versailles — la Ville prenant nettement, à la fin du règne de Louis XIV, le pas sur la Cour, dans les domaines culturels. En peinture, ce goût s'illustre exemplairement par la figure de Watteau, pour lequel l'Académie de peinture invente la catégorie nouvelle des Fêtes Galantes. Né en 1684, Watteau meurt en 1721. Il cessera assez vite d'être compris et apprécié. Car il se produit indéniablement, avec le retour à l'ordre, aux alentours de 1725, une « reclassicisation » du goût, sans que l'on puisse parler encore de néo-classicisme. Marivaux la subit et en est, tout à la fois, un des acteurs. Ses premières pièces — *l'Arlequin poli par l'amour* en 1720, la *Double Inconstance* en 1723, le *Prince travesti* en 1724 — portent la marque de son goût pour le féerique et le romanesque, ou recourent à l'allégorie ou à l'utopie pour amener une réflexion sur des problèmes sociaux, comme dans l'*Ile des Esclaves* (1725) l'*Ile de la Raison* (1727) ou la *Nouvelle Colonie* (1729). Mais, dans sa production, les pièces « vraisemblables », du type de la *Surprise* ou des *Serments indiscrets* occupent une place de plus en plus importante. Parallèlement à l'écriture désordonnée de l'*Indigent philosophe,* succède la narration unique des grands romans de la maturité, la *Vie de Marianne,* à partir de 1731, et le *Paysan parvenu,* en 1734. Les réflexions y trouvent leur place, mais elle est désormais mesurée, et mettant en scène des personnages en définitive honorables, Marivaux obéit à l'injonction de Desfontaines qui le blâmait d'avoir représenté la vulgarité d'une lingère et d'un cocher de fiacre. Car le nouveau goût qui se définit alors, se méfie, à la suite des classiques, autant du « bas » que de l'imaginaire.

« Tortillé... précieux... singulier... recherché... hardiesse d'expression... » : tous ces termes dont use volontiers la génération philosophique, celle de Voltaire et de

Diderot, à l'égard de Marivaux, le font apparaître comme une espèce d'esthète torturé par le souci de trouver une expression originale. Ce qui, à certains égards, n'est pas faux, mais fait oublier qu'à travers l'expression, Marivaux cherche aussi la nouveauté de la pensée. Car pour cette génération, le souci esthétique, en lui-même, a quelque chose de frivole. Elle porte son attention sur le contenu de l'œuvre, éventuellement sur son « message » et s'applique déjà à faire du langage un usage propre à transformer le monde, à travers les questions sérieuses que pose le discours philosophique, politique ou scientifique. En ce qui concerne la littérature proprement dite, à notre sens (ce qui relève, d'après les termes de l'époque, de l'imitation), elle est prête à considérer que les grands classiques ont atteint un point de perfection et qu'il s'agit moins d'inventer que d'aménager cet héritage : ainsi fait Voltaire avec la tragédie. Lorsque Diderot, en 1757, inventera le drame bourgeois dans ses *Entretiens sur le fils naturel,* il maudira les bienséances, mais montrera son respect à l'égard d'une tradition avec laquelle il prend des libertés limitées.

Marivaux a cependant un objet qu'on lui reconnaît : c'est le « cœur humain », dont l'abbé Prévost, en 1736, sut dire qu'il « a son analyse comme l'esprit », ce qui lui permet de comparer Marivaux à Descartes et à Malebranche. « Personne n'a mieux connu la métaphysique du cœur... » dit Chevrier, en 1753. Mais le terme qui sert ici à l'éloge a été aussi employé de manière péjorative, car la métaphysique désigne souvent à l'époque un savoir incertain envisageant inutilement des objets échappant à l'expérience humaine. On en vient vite sur ce chemin au mot cruel de Voltaire prétendant que Marivaux passait « sa vie à peser des œufs de mouche (ou : des riens, selon les versions) dans des balances de toiles d'araignées. » C'est jouer là sur la finesse revendiquée par Marivaux, volontiers qualifié d'espion ou de délateur du cœur humain, et sur son art de « saisir les sensations imperceptibles de l'âme ». « Marivaux est un grand homme dans ces petites choses... » écrit d'Argenson. Même sous cette forme élogieuse, c'est dire que l'analyse du moi où Marivaux excelle et où il prend bien la suite des moralistes classiques, n'est plus au centre des préoccupations du siècle des Lumières. En ce qui touche l'âme humaine et ses replis, il y a sans doute un retrait de la génération des philosophes devant ce qui concerne son rapport au désir, qui implique de délicates questions de morale. Les questions que, sur ce point, pose Marivaux, peuvent être assez inquiétantes, l'expérience freudienne nous permettant mieux, aujourd'hui, de distinguer la direction qu'elles désignent. Essentiellement requise par l'épanouissement de la science, point trop soucieuse de poser ouvertement la question d'un déterminisme possible de l'âme humaine, la génération philosophique, là encore, s'en tiendra volontiers aux certitudes plus simples de la vision classique, quitte à réserver la représentation des passions à la littérature et à la peinture, et à célébrer leur intensité et leur rapport à la nature. Or ce n'est pas dans ce registre qu'opère Marivaux, toujours attentif à la distance intérieure que garde l'individu avec la passion qu'il éprouve. D'une certaine manière, la représentation de l'âme humaine est réservée aux arts d'imitation : peinture, théâtre, romans, etc., et offerte au spectateur ou au lecteur comme objet d'identification passionnée. Marivaux garde ici encore trop d'intelligence critique.

Très tôt, Marivaux avait opposé le philosophe et sa prétention au savoir universel, à celui qu'il appelle le *bel esprit,* représentant moderne de l'esprit de finesse pascalien, capable de fournir à ses lecteurs, à travers des textes plus modestes (on peut penser au roman, à la lettre, au *Spectateur français,* bien entendu...) des vérités partielles, mais infiniment plus utiles dans la vie de tous les jours : une instruction non dogmatique et qui n'exclurait pas le plaisir. Or la critique du philosophe, si elle vise d'abord le moraliste théorique, n'épargne pas non plus les prétentions de l'homme de lettres, lorsqu'il entend légiférer hors de son domaine, en politique, par exemple. Il ne fait aucun doute que Marivaux se refuse et s'oppose à un type d'engagement qu'ont connu les philosophes, et qu'il y a là une des raisons qui l'ont fait préférer à Voltaire en 1742, lors de son élection à l'Académie française. Il en est résulté, de façon assez injuste, qu'on a oublié toute la part que tient chez Marivaux la réflexion sur la société, qui ne manque pas d'aspects subversifs, mais dans un sens différent de celui des Encyclopédistes. D'où une tendance à réduire le théâtre de Marivaux à celui des *Surprises* ou du *Jeu,* à la représentation d'un univers mondain, qui n'est pas celui de ses romans, ni de la plupart de ses pièces. Les *Fausses Confidences,* à cet égard, offrent un superbe exemple d'analyse d'un mécanisme social, et témoignent assez peu de ce « marivaudage » tant invoqué dès le siècle des Lumières. La critique des trente dernières années est revenue sur cette vision étroite de Marivaux, et ceci notamment grâce à la relecture des romans de la maturité, *Vie de Marianne* et *Paysan parvenu :* leur auteur a été effectivement l'initiateur, avec l'abbé Prévost, d'un nouveau roman, et les contemporains ne s'y sont pas trompés. Mais là encore, son écart avec l'institution littéraire a desservi Marivaux : alors que le roman est sans aucun doute le genre le plus abondamment lu et produit au XVIIIe siècle, il n'en est pas moins tenu pour un genre mineur, indigne d'entrer dans les poétiques et de subir une évaluation théorique sérieuse. D'où une ignorance des textes, qui a eu la vie dure...

Marivaux a eu conscience de cette discordance entre son statut « officiel » (ce qui signifie son importance aux yeux de la critique, mais aussi pour la vanité du lecteur) et son intérêt *réel.* Il évoque le problème dans le *Spectateur français,* précisément pour défendre ses « feuilles », si légères (le *Spectateur* était publié par livraisons successives) contre la concurrence des pesants et imposants in-folios. Son entrée au théâtre traduit peut-être un désir de jouer aussi la carte de l'institution, puisqu'il présente en 1720 sa tragédie d'*Annibal* au Théâtre Français et, d'autrez part, son *Arlequin poli par l'amour* au Théâtre Italien, pièce tirée d'un conte de fées. L'échec de la première ne devait pas l'exiler du Français, où seront représentées plusieurs de ses comédies, mais c'est avec le Théâtre Italien que sa collaboration sera la plus fructueuse, et l'on sait la part qu'eut à ses succès l'actrice Silvia, qui joua, dans les *Fausses Confidences,* le rôle d'Araminte.

Le choix des Italiens n'est pas sans signification. Leur troupe, excellant dans un comique relativement grossier, où le geste a un rôle important, avait été chassée de

France en 1697, à la suite d'une impertinence contre Mme de Maintenon, qui s'était crue visée par une certaine *Fausse prude*... Le premier soin du Régent, en 1716, sera de les rappeler. Jouant d'abord en italien, ils recourent ensuite à des textes français, et principalement à ceux de Marivaux. Leur expulsion avait été l'occasion d'une singulière expérience théâtrale : Arlequin et ses confrères étaient réapparus sur les tréteaux du théâtre populaire de la Foire, où la bonne société alla retrouver les figures que lui avait interdites l'ordre royal. Ceci malgré l'opposition du Théâtre Français qui, faisant valoir son monopole, parvint à faire interdire aux forains de jouer des pièces, puis de prononcer la moindre parole, ce qui les contraignit à user d'écriteaux ou de banderoles, qu'on ne pouvait interdire au public de chanter en chœur, sur des airs connus. Des écrivains, dont Lesage, fournirent des textes à ce théâtre, lieu d'une rare rencontre entre culture littéraire et populaire, donnant en outre les plaisirs d'une Fronde. Pour Marivaux, on songera que c'était le temps du *Télémaque travesti.* Choisir les Italiens, c'était aussi rester fidèle à ce qu'avait signifié le théâtre de la Foire, qui, de son côté, allait donner naissance à l'Opéra-Comique.

Le théâtre, en 1720, est un genre florissant. Mais plus du côté de la comédie que de la tragédie, qui attire de moins en moins de spectateurs et se cherche des effets nouveaux du côté de l'horreur et du pathétique. On considère volontiers, à tort ou à raison, que la réussite de Molière a plus ou moins épuisé la comédie de caractères qui, entre 1680 et 1720, laisse la place à la comédie de mœurs, dépeignant non sans complaisance, parfois, un univers social placé sous le signe de la corruption morale. Le *Turcaret* de Lesage a mis en scène en 1709 un financier exemplaire. Ce point de vue cynique ne sera pas absent du théâtre de Marivaux, mais il n'en constituera pas la dominante. C'est qu'avec le retour à l'ordre qui s'opère en 1720, il s'agit de satisfaire d'autres demandes, et notamment un besoin de « distinction », auxquelles apparemment, Molière, boudé par les spectateurs, ne répond plus guère. La composante féerique et romanesque des premières pièces de Marivaux marque bien cet écart par rapport au réalisme de la comédie de mœurs qui se traduira ensuite par la place privilégiée accordée dans les *Surprises* ou le *Jeu* à l'expression du sentiment. Avec Destouches et La Chaussée, inventeur de la comédie larmoyante, on s'engage plus nettement encore sur la voie d'une esthétique sentimentale et moralisatrice, qui vise à émouvoir plutôt qu'à faire rire, et qui trouvera son expression théorique chez Diderot en 1757 et 1758, avec les *Entretiens sur le Fils naturel* et le *Discours sur la poésie dramatique*. Marivaux épouse ce mouvement, mais seulement dans une certaine mesure : même si on laisse de côté les pièces de type philosophique, pour ne considérer que celles qui sont dans le registre du vraisemblable, on constate qu'il ne joue pas seulement sur l'identification émue du spectateur et du personnage, mais maintient de l'un à l'autre l'existence d'un espace critique. Les *Fausses Confidences,* pièce relativement tardive, sont un exemple particulièrement complexe et intéressant de l'usage qu'il fait de l'esthétique du sentiment.

B. LA SOCIÉTÉ : MARIVAUX ET SES PERSONNAGES

Il se trouve qu'à évoquer l'univers social connu de Marivaux, on rencontre assez précisément celui qui est évoqué dans les *Fausses Confidences.* Sans en déduire que la pièce ait rien d'autobiographique, on sera conduit ici à faire d'une pierre deux coups, autrement dit à évoquer la position sociale de l'auteur, et aussi à éclairer la signification que peuvent avoir dans ce domaine, pour le spectateur de l'époque, les informations qui y sont données. Or ces informations sont d'une précision assez insolite au théâtre.

À propos des *Fausses Confidences,* le marquis d'Argenson remarque : « Il y a de l'indécense à épouser son intendant, il est vrai que l'on suppose la dame plus riche que qualifiée. » Araminte, en effet, n'est pas de qualité, c'est-à-dire que ni par ses parents, ni par son mari, elle n'appartient à la noblesse, qu'elle soit d'épée ou de robe. Bourgeoise, donc, et c'est le terme qu'emploie sa mère, Mme Argante, pour la désigner : « Elle ne sent pas le désagrément qu'il y a de n'être qu'une bourgeoise. » Employé de cette manière, le terme renvoie à une telle gamme de situations socio-économiques, qu'il risque fort de rien indiquer d'autre que l'absence, précisément, de « qualité ». Un ensemble qui n'a rien de monolithique : entre l'artisan aisé et le grand financier qui fréquente Versailles et parvient parfois au rang de ministre, il n'y a pas grand chose de commun. Marivaux donne cependant des précisions. Araminte est riche : « plus de cinquante mille livres de rente », selon Dorante. Il est au moins risqué de proposer une équivalence moderne, vu la différence des repères situant le niveau de vie. Du moins un ordre de grandeur : le revenu annuel est dans la zone des 500000 francs actuels, supposant un capital d'environ 10 millions de francs. (Non sans arbitraire ; autres repères : le revenu du père de Marivaux, comme directeur de la Monnaie à Riom en 1719 : 1228 livres. La dot de son épouse en 1717 : un capital de 40000 livres permettant d'espérer des prétendants déjà aisés.)

L'origine de cette fortune est précisée : Araminte est veuve d'un mari « qui avait une grande charge dans les finances » et « était fort considéré dans le monde ». Ce qui explique sans doute qu'Araminte ait « un rang dans le monde » et soit « liée avec tout ce qu'il y a de mieux ». Ce mari a dû être un grand financier, peut-être un fermier général, jugé digne d'occuper une place importante dans l'administration royale et accédant aux milieux les plus élevés à la Cour comme à la Ville. Il n'est pas évident que cette fortune ait été ancienne (on plaisanta bien Paris Duverney sur son nom — « du verre net » — en prétendant qu'il avait essuyé les verres dans le cabaret de son père...). On songera aux fortunes scandaleuses et rapidement édifiées qui soulevaient l'indignation de La Bruyère et qui furent fréquentes notamment durant les guerres de la seconde moitié du règne de Louis XIV, grâce aux bénéfices réalisés sur l'approvisionnement des armées. De fait, avant l'établissement des banques nationales, les « partis » sont indispensables au financement des dépenses de l'État. Le financier avance l'argent au roi, collecte les impôts en s'en réservant une bonne part, nul ne s'étonnant que le ministre reçoive sa part de l'opération. Trésoriers et receveurs royaux ne peuvent assumer qu'une partie de la besogne. Finances publiques et privées sont ici étroitement imbriquées, et les offices de finances comme de justice pouvaient mener à de très lucratives carrières au service, direct ou indirect, de l'État. Une grande bourgeoisie d'affaires s'est ainsi constituée, dont la partie la plus élevée est, de fait, intégrée à la haute et même très haute société (et ceci, pas seulement en raison de l'attrait que leur fortune pouvait présenter pour des aristocrates impécunieux...). Il n'y a donc rien de très surprenant dans la demande en mariage que fait le Comte Dorimont, même si, comme le dit Mme Argante, « il est en passe d'aller à tout ».

En face d'Araminte, est représenté un autre groupe social à travers Dorante, son oncle Rémy, et Marton, la suivante. Le père de Dorante, disparu, était avocat, et Dorante lui-même prétend qu'il pourrait l'être, autrement dit qu'il a fait les études de droit nécessaires. Sans profession, lorsqu'il entre chez Araminte, Dorante semble avoir été victime d'une ruine dont la nature exacte n'est pas indiquée, mais qui du moins l'empêche de rétribuer un valet (« je n'ai pu te garder »). Cependant il peut avoir l'espoir d'hériter de l'oncle procureur, c'est-à-dire d'un « officier public, dont la fonction est de comparaître en jugement pour les parties, d'instruire leurs causes, et de défendre leurs intérêts ». Une charge donc, qu'il a fallu acheter et dont l'Encyclopédie commente ainsi l'honorabilité :

> « La profession de procureur demande donc beaucoup de droiture et de savoir ; elle est importante par elle-même ; et loin que les fonctions de procureur aient quelque chose de vil, elles n'ont rien que d'honorable, puisque l'emploi des procureurs est de défendre en justice les intérêts de leurs clients, de soutenir la vérité et l'innocence, et d'instruire la religion des juges. »

Dans cette charge, l'oncle Rémy a succédé au père de Marton, ami lui-même du père de Dorante. « Homme un peu dérangé », dit M. Rémy de ce père de Marton — terme vague qui peut laisser supposer débauche, désordre, indélicatesse peut-être — mais est censé expliquer la ruine de Marton, réduite, tout comme Dorante, à espérer l'héritage d'une tante asthmatique... Dans les deux cas, il y a eu de l'argent dans la famille, et malgré les accidents, il y en a encore, du côté des collatéraux... Sans être donné vraiment riche, le groupe d'origine, pour Dorante comme pour Marton, appartient à l'ensemble de ces « honnêtes gens » dont Dorante se flatte d'avoir l'estime. Plus précisément, à cette fraction de la bourgeoisie, petite ou moyenne, qui a affaire tout à la fois à la loi et à l'argent.

Qu'il y ait communication du groupe d'Araminte à celui de Dorante au sein d'un ensemble plus vaste, l'exemple de Marivaux lui-même contribue à le montrer. « Écrivain du roi » dans la Marine (c'est-à-dire chargé du registre des marchandises...), puis trésorier aux vivres, le père de Marivaux aurait pu être de ceux auxquels une conscience point trop scrupuleuse eût permis de s'enrichir. Il en vient à pouvoir acheter une charge de Directeur de la Monnaie à Riom, où son fils résida de façon intermittente entre 1702 et 1712. A la mort de son père, Marivaux demanda, sans résultat du reste, à lui succéder. Mais il avait pris, dès 1710, une inscription à la Faculté de Droit. S'il ne pousse guère ses études, il garde du moins, à cette époque, des relations dans la haute bourgeoisie parisienne d'offices et de finances, dont il se rapproche encore plus par son mariage avec Colombe Bollogne, qui appartient à une zone plus élevée de ce même milieu, et est pour lui un parti assez inespéré. Les dédicaces de ses œuvres, comme l'a montré Henri Coulet, suggèrent que Marivaux a pu songer à s'engager dans une carrière financière.

Au lieu de quoi il se retrouve victime de la finance. Plus tard, avec humour, il attribuera sa ruine à la faute d'avoir été infidèle à sa paresse... De fait, sur les conseils d'un abbé Mainguy, il ne s'est activé que pour acheter des actions de Law, dont la catastrophe engloutit, en 1720, le petit héritage de l'écrivain et la dot de son épouse. Il n'est pas réduit à la misère : il a quelques rentes, reçoit, au prix d'une intense activité littéraire, de l'argent des comédiens et des libraires, et, sans devenir proprement le client de personne, accepte les libéralités de quelques grands personnages. Tout cela ne suffit pourtant pas à équilibrer ses dépenses et il contracte des dettes importantes, qui ne sont pas liquidées à sa mort. Ce n'est sans doute pas par hasard qu'en 1726, Marivaux choisit pour héros-narrateur de son second « journal », l'*Indigent philosophe,* un clochard-philosophe, vivant au jour la journée, autre Diogène opposant aux coups de la fortune la dive bouteille et ses éclats de rire, lorsqu'il reconnaît dans le miroir l'image familière de cette discontinuité qui lui a valu l'échec social. En tant qu'écrivain, Marivaux peut se situer à la fois ici, et ailleurs. Ce qui est sûr est que son trajet dans l'univers social lui a permis de voir s'édifier des fortunes analogues à celle du mari d'Araminte, mais aussi d'assister à des décadences comme celle de Marton, fille de procureur, devenue suivante. Entre les deux, la fortune solide et limitée de l'oncle Rémy, appuyée sur un statut social qui le fait reconnaître de la bonne société elle-même.

Comme l'a expliqué Henri Coulet, cette bourgoisie financière, même si elle n'est pas immédiatement menacée, n'a pas l'avenir pour elle, et c'est là un autre point de clivage entre Marivaux et les philosophes. Elle prélève, par divers moyens, sa dîme sur l'argent en circulation à des fins de pure consommation (parfois somptuaire, si l'on veut bien se souvenir des fastes des financiers). Elle songe à vivre, selon l'expression de l'époque, « noblement » c'est-à-dire de ses rentes, provenant de l'achat de terres ou de charges éventuellement anoblissantes. Comme le montre la lettre de Marivaux sur la paresse, où il évoque son passé financier, cette bourgeoisie ne valorise ni le travail ni le risque. L'avenir est du côté de ces grands commerçants et de ces « manufacturiers », précurseurs d'une révolution industrielle qui fut tardive en France, et ceux-là vont s'appuyer non sur des financiers, mais sur des banquiers capables d'engager des capitaux sur la circulation et la production des biens. L'idéologie nouvelle de l'esprit d'entreprise, soutenue par les encyclopédistes, pourra s'étayer sur des bases morales : en procurant du travail à tous, on contribue à l'enrichissement général, et, en dernière analyse, au bonheur de l'humanité. D'où la valeur proprement morale de l'encouragement donné au développement des arts et des sciences, à quoi Marivaux demeure étranger, même si en tant que « moderne », il a pu reconnaître l'existence d'un progrès de l'esprit humain.

C. ANALYSE SOMMAIRE DE LA PIÈCE

ACTE I

Sc. 1. Arlequin accueille Dorante. — *Sc. 2.* Conversation Dorante-Dubois : on apprend que dans le cadre d'un projet élaboré par Dubois, ex-valet de Dorante, ce dernier (sans fortune) va être proposé comme intendant par son oncle, M. Rémy, à la riche veuve Araminte, qui, selon Dubois, aimera Dorante et l'épousera. Dorante dit qu'il l'aime, et donc, tremble. — *Sc. 3.* M. Rémy invite Dorante à penser à une union avec Marton, suivante d'Araminte, fille de procureur ayant des espoirs d'héritage. — *Sc. 4.* Inventant une rencontre antérieure, M. Rémy suppose Dorante amoureux de Marton et les fiance. — *Sc. 5.* Court échange où Dorante ne dissipe pas les illusions de Marton. — *Sc. 6.* Araminte commente favorablement la bonne mine de Dorante qu'elle a aperçu, s'inquiète du qu'en dira-t-on. Marton la rassure. — *Sc. 7.* Accueil favorable et plein de compassion d'Araminte à Dorante, supposé de « très bonne famille ». Dorante est engagé. — *Sc. 8.* Arlequin résiste à l'idée d'être « donné » par Araminte à Dorante. — *Sc. 9.* Commentaires impertinents d'Arlequin sur le valet qui est servi. Dorante lui donne de l'argent. Joie d'Arlequin. — *Sc. 10.* Mme Argante intime à Dorante l'ordre de tromper Araminte quant au procès qu'elle pourrait avoir avec le comte Dorimont, que sa mère voudrait lui voir épouser. Dorante refuse. — *Sc. 11.* Marton avoue être du parti du comte qui lui a promis récompense en cas de succès. Désaccord de Dorante. — *Sc. 12.* Araminte s'engage auprès de Dorante à le soutenir contre sa mère. — *Sc. 13.* Dubois interrompt et demande un entretien à Araminte. — *Sc. 14.* Dubois révèle à Araminte qu'il a été valet de Dorante, en fait l'éloge, le dit amoureux fou. Bouderie d'Araminte. Dubois lui confie qu'il s'agit d'elle. Récit de cet amour. Araminte décide de « patienter ». — *Sc. 15.* Araminte dit à Dorante ses hésitations à le garder et avoue sa gêne. — *Sc. 16.* Dubois assure Dorante du succès. — *Sc. 17.* Dubois suggère à Marton que Dorante « considère » Araminte. Marton ne fait qu'en rire.

Le spectateur sait le but du projet de Dubois, il en ignore le détail. Début de réalisation : la fausse confidence de la scène 14. Relation jalouse à prévoir de Marton à Araminte, à partir de la scène 17. Un imprévu par rapport au projet : la proposition de M. Rémy.

ACTE II

Sc. 1. Araminte évoque la possibilité de son mariage avec le comte. Dorante feint de vouloir éloigner Dubois. — *Sc. 2.* M. Rémy propose un riche parti à Dorante qui refuse. Araminte ne parvient pas à le condamner. — *Sc. 3.* Malentendu : Marton se croit la raison du précédent refus. Colère de Rémy. Gêne de Dorante. — *Sc. 4.* Entretien du comte et de Marton à propos de l'intendant. — *Sc. 5.* Arrive un garçon. — *Sc. 6.* Question du comte sur le portrait qu'apporte le garçon. — *Sc. 7.* Le garçon donne le portrait à Marton qui se dit « dans la confidence ». — *Sc. 8.* Joie de Marton face à Dorante (*a parte* : « tout a réussi, elle prend le change à merveille »). — *Sc. 9.* Araminte, le Comte, Mme Argante autour du portrait que Marton prétend sien. Mouvement de jalousie du comte. On ouvre la boîte : « c'est Madame ». Marton explique les raisons de sa méprise. Araminte tente en vain d'attribuer le portrait au Comte. — *Sc. 10.* Querelle publique entre Dubois et Arlequin à propos d'un tableau représentant Araminte et regardé par Dorante. — *Sc. 11.* Araminte refuse de renvoyer Dorante. Le Comte avoue ses menées et renonce au procès, non sans « présumer » que Dorante sera renvoyé. — *Sc. 12.* Entretien Araminte-Dubois, qui peint la douleur de Dorante et confirme qu'il est l'auteur du portrait. — *Sc. 13.* Araminte, pour éprouver Dorante, lui fait écrire une lettre où elle dit accepter d'épouser le Comte. — *Sc. 14.* Marton vient demander Dorante en mariage. — *Sc. 15.* Dorante explique le malentendu, évoque la femme qu'il aime, le portrait. Araminte le lui montre, le confond et lui pardonne. Marton les surprend. — *Sc. 16.* Araminte ment à Dubois venu aux nouvelles. « Il ne m'a rien dit. » — *Sc. 17.* Dubois et Dorante se donnent rendez-vous dans le jardin.

L'aventure du portrait conduit à la déclaration — en quelque sorte passive — de Dorante. Marton désabusée devient plus ennemie de Dorante que jalouse d'Araminte. Cette dernière s'emploie à faire tenir pour vraisemblable son ignorance des sentiments de Dorante.

ACTE III

Sc. 1. Dubois et Dorante préparent l'affaire de la lettre. On apprend que l'intrusion de Marton à l'acte II relevait d'une initiative de Dubois. Objections de Dorante quant à la souffrance d'Araminte et à la sienne propre. — *Sc. 2.* Entretien complice de Dubois et Marton. — *Sc. 3.* Marton intercepte la lettre que devait porter Arlequin. — *Sc. 4.* Mme Argante en présence du comte et de Marton confirme son intention de faire chasser Dorante. — *Sc. 5.* Querelle entre M. Rémy et Mme Argante. — *Sc. 6.* Araminte soutient M. Rémy et prétend ignorer l'amour de Dorante, qu'elle entend garder. — *Sc. 7.* Dorante, inquiet, vient demander quel sera son « sort ». Araminte le rassure et fait renvoyer l'intendant du Comte. — *Sc. 8.* Lecture de la lettre d'embarquement. Malgré la demande d'Araminte, Dorante se refuse à la renier. Approbation discrète de M. Rémy, qui sort. Irritation d'Araminte à l'égard de tous. — *Sc. 9.* Dubois révèle son rôle dans l'affaire de la lettre. Araminte le chasse. — *Sc. 10.* Marton vient demander son congé qu'Araminte lui donne. Réconciliation : Marton passe du côté de Dorante. — *Sc. 11.* Arlequin pleurant annonce Dorante. — *Sc. 12.* Entretien gêné Araminte-Dorante. Ce dernier redemande le portrait, ce qui conduit à l'aveu d'Araminte. Dorante révèle la machination d'ensemble. Araminte pardonne à la réussite et lui ordonne le silence. — *Sc. 13.* Araminte dit au Comte son intention de ne pas l'épouser. Le Comte dit avoir tout deviné : Dorante l'aime, elle veut lui « faire sa fortune ». Protestations de Mme Argante. Tout le monde sort, sauf Dubois et Arlequin, qui conclut la pièce sur une plaisanterie.

Araminte entend garder Dorante et faire comme si elle ignorait son amour, et ceci même au moment où la lettre d'embarquement semble rendre cette situation intenable. Malgré ses scrupules de la scène 1, Dorante poursuit le projet de Dubois en refusant la complicité. Il n'y échappe que par l'aveu de toute la machination.

II. L'amour, la société et le moi dans le théâtre de Marivaux

A. LE MARIAGE ET L'AMOUR

Presque toutes les pièces de Marivaux conduisent à un mariage, même si ce mariage n'est pas celui qui a été projeté au début de l'intrigue. Et ce mariage est toujours donné pour un mariage d'amour, même si l'intensité de la passion est variable selon les cas. Le trait peut ne pas sembler neuf si l'on songe aux comédies de Molière. Les différences sont pourtant essentielles : d'abord parce que chez Marivaux, les amoureux occupent effectivement les premiers rôles ; ensuite et surtout parce que Marivaux les saisit au moment d'une naissance ou d'une renaissance de l'amour. Chez Molière, il est entendu le plus souvent que l'amour a déjà duré et dure encore, même s'il est passagèrement menacé par un dépit amoureux : on ne se pose guère la question de savoir ce qu'est cet amour supposé connu, et les amoureux ont assez à faire pour sa défense, pour ne pas trop s'inquiéter de sa nature. L'objet de Marivaux en revanche est la manière dont surgit et s'impose un sentiment, tel qu'il conduit un individu à former un couple et à changer donc radicalement son mode de vie.

Autrement dit, ce qui intéresse Marivaux est cet amour qui mène au mariage. Il convient ici de rappeler que le mariage d'amour est invention moderne. Au XVIIe siècle, il constitue encore une exception. Le mariage est acte social, par lequel deux familles s'unissent, et, dans le choix, la « sortabilité » des rangs et des fortunes tient un rôle capital et est évaluée avec soin par les parents des intéressés, qui disposent d'ailleurs de moyens juridiques pour empêcher des unions inégales, ou portant atteinte à l'honneur familial. Le degré de contrainte, d'autre part, varie selon les conditions : il peut devenir extrême dans le cas d'unions royales ou princières, qui ont une portée politique, mais aussi dans les cas où est mise en jeu une fortune considérable. Les non-possédants peuvent jouir d'une liberté plus étendue, limitée à son tour par la contrainte du lieu et des conditions de travail (les serviteurs suivent leur maître...). Dans le cas de l'aristocratie, on rappellera que le mariage et l'héritage sont les seules occasions où peut normalement se produire une modification importante de l'état de fortune. Dans la très grande variété des milieux dits « bourgeois », il y a sans doute plus de chances de souplesse. Encore qu'il soit difficile de rien affirmer de décisif en ce qui concerne la société réelle, on peut admettre que le XVIIIe siècle connaît sur ce point une plus grande tolérance.

Dans la représentation littéraire, et en particulier romanesque, la question du rapport entre mariage et amour semble s'être posée singulièrement à partir de 1660 environ, avec l'entrée en scène du personnage de la femme adultère, neuf à cette époque dans la fiction sérieuse. *La Princesse de Clèves* en 1678 montre assez exemplairement ce que serait la doctrine classique en la matière : M. de Clèves fait un mauvais mariage pour avoir épousé une femme qu'il aime et qui ne l'aime pas, car il aurait pu espérer une union plus avantageuse, et d'autre part, il en meurt de jalousie. Quant à la princesse, une fois veuve, elle est assurée que Nemours, qu'elle aime, une fois épousé, sera infidèle et elle n'en peut supporter l'idée. Implicitement, cela suppose qu'une fois assouvi un désir longtemps insatisfait, l'amour est condamné à décliner, et l'amant à changer d'objet. Même à envisager autre chose que cette mécanique du désir, l'imprévisibilité de la passion fatale ne permet pas de parier sur sa durée, qui peut n'avoir guère de rapport avec son intensité. Il n'est donc pas question d'appuyer l'institution durable du mariage sur une passion individuelle : mieux vaut qu'entre l'une et l'autre il y ait complète disjonction.

Se trouve ici posée, sous un de ses aspects, la question du rapport de l'individu à la société. L'on ne saurait oublier qu'un des traits de la période critique qui s'ouvre à partir de 1685 environ, a été d'interroger la validité d'un certain nombre de contraintes institutionnelles, de montrer leur caractère factice et souvent tyrannique, de faire valoir en revanche la légitimité de certains désirs individuels, dont la répression se révélait liée non à une loi d'intérêt général, mais seulement à des intérêts particuliers. En l'occurrence, il s'agira notamment de savoir s'il y a quelque rapport entre la nature de l'amour et la durée impliquée par le mariage.

1. *L'origine de l'amour*

Dès 1720, Marivaux produit une petite pièce, jouée aux Italiens, et marquant son vrai début dans la carrière théâtrale, l'*Arlequin poli par l'amour,* fable fondamentale à cet égard. L'histoire est simple : une grande et puissante fée enlève le très joli Arlequin qui dort sous un arbre. Mais cet Arlequin est une bête, soucieux seulement de « goûter » et insensible aux charmes que la fée semble avoir cependant exhibé généreusement ; il est rebelle, de plus, à toute éducation. La bergère Silvia l'éveillera en même temps à l'amour et à l'esprit. De ce dernier, Arlequin fera usage pour tromper la fée, s'emparer de sa baguette et aller chercher d'autres mondes où vivre heureux avec sa bien-aimée.

La fable est susceptible de plus d'une interprétation. A la prendre au pied de la lettre, le petit sauvage ignorerait même le désir, dans un premier temps. La rencontre avec Silvia marquerait alors le moment d'une ouverture simultanée au désir et à l'amour, tenus pour indissociables. Mais on peut entendre aussi que cette insensibilité traduit décemment un rapport grossièrement physique. La fée semble bien faire une distinction de cet ordre en introduisant le terme de mariage : elle épousera Arlequin lorsque celui-ci sera devenu capable de la « sentir et de se sentir lui-même ». Quant au mariage, elle le justifie par le souci de se préserver de la colère de l'enchanteur Merlin auquel elle s'est promise (ce sont des lois du conte que l'on ne questionne pas...). Cette grande dame immorale, coquette (le terme, à l'époque, a souvent un sens fort), incarne à la fois les deux aspects de la position classique. D'une part, elle soutient une théorie de l'inconstance. Au valet qui lui rappelle son infidélité, elle répond : « Eh bien ! l'un me fait oublier l'autre ; cela est encore fort naturel. » D'autre part, elle vit une passion violente et insatisfaite et n'hésite devant aucun moyen pour s'approprier sans réserves l'objet aimé, y compris le chantage et les menaces de mort (quelques unes de ses tirades enflammées portent le souvenir des héroïnes raciniennes, en particulier de Phèdre et de Roxane, et l'intention en est peut-être parodique, la parodie étant du reste un genre favori des Italiens). A ce titre, elle envisage la durée de sa passion et sait qu'elle a besoin d'autre chose que de l'obéissance intéressée d'Arlequin : elle veut être aimée. D'où l'entreprise d'éducation et la perspective de mariage avec une personne que la fée imagine, en quelque sorte, fabriquée par ses soins.

Or, cet échange rêvé, Arlequin et Silvia l'obtiennent dès la première rencontre, dès le premier regard, lorsqu'ils se disent l'un à l'autre qu'ils sont « jolis ». Comment n'en reste-t-on pas à ce premier instant ? Peut-être parce qu'auparavant après s'être exclamée pour elle-même « Ah ! le beau garçon ! », Silvia dit : « Je me retire, car je ne vous connais pas. » Du reste, elle ne se retire pas. Mais cette perspective de perte engage tout naturellement dans la recherche des moyens de l'éviter. Les obstacles réels existent : Silvia doit s'occuper de ses moutons, il existe un berger jaloux, Arlequin est plus ou moins captif de la fée. Faute de pouvoir garder la personne désirée, Arlequin en conserve le mouchoir qui a connu son contact, proprement un *symbole*. Et ce symbole lui donne une autre espèce de plaisir. Mais surtout, chose étrange, Silvia semble en outre inventer ou rechercher des obstacles imaginaires. Elle a entendu dire à ses compagnes qu'à céder trop vite à son amant, on le perdait. Rien ne lui permet, bien entendu, de vérifier ce discours auquel, proprement, elle ne *croit* pas. Mais on ne sait jamais... Et voici le berger et la bergère en train d'inventer une curieuse cérémonie du détour, dans laquelle ils se diront qu'ils ne s'aiment pas, sachant qu'il n'en est rien, mais en doutant parfois cependant... Un jeu en somme, où les mots sont dits contre leurs sens, hors de leurs sens, dans une visée quasi magique. Or ces effets magiques se produisent : sous une forme différente, la surprise initiale se renouvelle, faisant découvrir une nouvelle gamme de plaisirs.

On pourrait parler d'invention du marivaudage, à condition de ne pas réduire la portée de l'invention, sous prétexte d'un terme souvent galvaudé. Il n'est pas indifférent ici que ce soit Silvia qui prenne l'intiative : si elle prétend se retirer, si elle réinvente l'antiphrase, c'est qu'elle a déjà entendu parler d'amour, c'est qu'elle a pu mesurer la distance entre ce qui en est dit et l'irritation qu'elle éprouve à l'égard du berger qui lui fait une déclaration. Autrement dit, le langage a dessiné en creux la place de l'amour. C'est parce qu'elle accomplit les rites de la parade amoureuse qu'Arlequin est entraîné dans le même jeu. Mais dès avant de le rencontrer, elle défend une identité : elle ne sent rien, mais elle sait qu'il n'est pas « honnête » de se laisser baiser la main. Non pas vertu, mais en somme conformisme, reconnaissance qu'elle a affaire au langage, même si elle ne s'y reconnaît pas. Elle n'en sera que plus heureuse d'en reconnaître la pertinence, lorsqu'Arlequin lui baisera la main et lui procurera le plaisir jusque-là seulement imaginé.

Ce rapport au langage, elle le partage avec Arlequin. Tentée un moment de le faire vraiment souffrir, elle décide ensuite de lui faire accepter le jeu sur les mots. Moyennant quoi s'opère cette éducation qu'avait en vain tentée la fée. Arlequin pourra découvrir alors que le langage est moyen de jouissance, et ensuite moyen de pouvoir.

On échappe ici au cercle infernal de la mécanique classique. Dès qu'il existe un rapport effectif à l'autre, se met en train ce qui constitue l'amour et tend à assurer sa durée (hors de là, y a-t-il même désir ? l'inertie initiale d'Arlequin pourrait en faire douter). Car dans la mesure où l'être se désigne par le langage, il suppose sa propre permanence.

S'il est ébauche d'une coquetterie, le mouvement de retrait de Silvia ne peut plus être ramené à un amour-propre où les classiques dénonçaient la vérité dernière du rapport à l'autre. Il y a bien amour-propre : Silvia préserve sa propre image, celle que lui renvoie la société des bergers. Mais amour-propre qui défend aussi les intérêts de l'objet aimé, et augmente la valeur qu'ont, aux yeux l'un de l'autre, les deux partenaires.

D'amour-propre, la fée ne manque pas. Mais son pouvoir l'assure qu'elle ne dépend pas de ce que peuvent dire les autres. Elle n'a pas, comme Silvia, à défendre une identité menacée. On comprend pourquoi elle peut s'éprendre si violemment d'Arlequin : c'est qu'elle ne connaît aucune résistance intérieure contre cet amour qui laisse intacte sa personne sociale. Tout ce qu'elle envisage est de faire changer Arlequin lui-même, puisqu'à sa parole, elle avoue qu'elle ne demeurerait pas insensible. C'est l'exemple extrême d'une toute puissance qui semble garantir le détenteur du pouvoir sur les autres — c'est-à-dire aussi sur leur langage — du bouleversement interne de l'amour. Et c'est pourtant — encore — une parole qui est l'objet de la quête.

Dans la suite de ses pièces, Marivaux va expérimenter diverses variations sur ce mythe d'origine de l'amour.

2. *Ballet du supérieur et de l'inférieur*

Quand une grande dame tombe amoureuse d'un petit paysan, est-ce ainsi que les choses se passent ? serait-on tenté de dire à la lecture de *l'Arlequin.* La *Double inconstance* en 1723 semble répondre à la question. Un Prince aime Silvia, une « bourgeoise de village », aimant elle-même Arlequin, aimée de lui en retour. Décor de roman, et non plus de contes : tous appartiennent à l'espace homogène d'un royaume. Mais des uns à l'autre, la distance est pourtant grande. Résultat cependant : la double inconstance. Résultat trivial, s'il mettait en jeu les ressorts de l'intérêt ou de l'ambition. Mais Silvia et Arlequin sont, au début du moins, fort satisfaits d'eux-mêmes et même portés à poser en apôtres de la saine rusticité de la nature. Leur infidélité est due à l'amour. Que s'est-il produit ? Il est advenu que leur transfert à la Cour leur a ouvert d'autres horizons quant à leur capacité de s'imaginer. D'autres yeux les regardent, d'autres paroles leur sont dites. Silvia, la première en devient honteuse, d'aimer un Arlequin dont elle saisit alors la grossièreté, qu'il perd, sans doute, mais trop lentement à son gré. Et c'est ainsi que le prince a su, contrairement à la fée, dissimuler son écrasante supériorité. Laissant à une de ses domestiques le soin de satisfaire et de blesser alternativement l'amour-propre des deux amants rustiques, il n'apparaît aux yeux de Silvia que comme un officier du palais, dont le statut est évidemment inférieur à celui de la future épouse d'un Prince, point de vue favorable à la naissance de l'amour, en ce qu'il la laisse apparemment maîtresse d'elle-même. Jeu parallèle, bien entendu, entre Arlequin et Flaminia, la meneuse de jeu, qui se laisse prendre aux charmes de sa victime, lui donnant l'illusion que c'est lui qui décide du destin du Prince. Quand les impostures se découvrent, il est trop tard et l'amour est maître de la place.

Correctif important à la constance rêvée des amours pastorales : cette conscience de soi à travers les autres et cette perfectibilité qui caractérisent l'être humain (pour employer ici le langage de Rousseau) cautionnent aussi bien le désir de durer que l'infidélité. Pour que Silvia pût continuer à aimer Arlequin, il eût fallu qu'elle pût l'aimer dans l'image que son regard lui renvoyait. Si l'amour a partie liée avec l'être social, il subit aussi ses modifications. Ce qui reste acquis est le lien de l'amour-propre et de l'amour, et aussi cette loi qui veut que ce soit, des deux amants, le supérieur qui prenne l'initiative de l'amour et qui l'éprouve avec le plus d'intensité. Cette loi se vérifie dans le *Prince travesti* de 1723, où le rapport entre les personnages annonce, à certains égards, les *Fausses Confidences :* une Princesse y aime un inconnu, dont elle fait son Premier ministre, mais ce dernier, « prince travesti » aime à son tour une simple dame de la cour. Faute de se déguiser, la princesse ne sera pas aimée... De façon paradoxale, quand il y a inégalité des unions chez Marivaux, l'individu a d'autant plus de peine à céder à l'amour qu'il semble devoir trouver plus d'avantage dans le mariage que cet amour laisse présager.

3. La surprise et la peur de l'amour

Le type le plus connu des pièces de Marivaux semble s'être élaboré par suppression de cette inégalité entre amants si caractéristiques de l'*Arlequin* et de la *Double Inconstance*. Que se passe-t-il lorsque deux êtres libres et égaux ont affaire à l'amour ? On trouve ici deux modèles fondamentaux. Celui des *Surprises de l'amour :* deux individus adultes, accompagnés de leurs serviteurs, se rencontrent, le personnage féminin étant ordinairement une veuve, ce qui permet d'assurer son autonomie légale (la femme mariée est à l'époque sous l'autorité du mari, comme la fille célibataire sous celle du père). Celle du *Jeu de l'amour et du hasard :* deux jeunes gens se voient proposer l'un à l'autre par leurs familles respectives. Cette situation serait de contrainte chez Molière. Mais les pères de Marivaux sont généralement d'une tolérance exemplaire, soucieux de respecter la liberté de leur progéniture et, même lorsqu'ils se fâchent, répugnent à user brutalement de leur autorité.

On constate que, dans ces conditions, la résistance à l'amour n'est pas moindre et que la pièce tout entière sera consacrée à un cheminement vers l'aveu, comme si Marivaux réduisait son champ de vision à une analyse démesurément étendue de la première rencontre entre Arlequin et Silvia. De cette résistance, les raisons sont diverses : chez la comtesse de la première *Surprise,* un mépris des hommes, appuyé sur l'expérience d'un premier mariage, épreuve de l'infidélité chez son partenaire Lélio ; deuil d'un mari aimé dans la seconde *Surprise,* pour la marquise, et pour le chevalier, regret d'une belle enterrée dans un couvent. En milieu familial, la Silvia du *Jeu* craint, une fois mariée, de faire, comme tant d'autres, « pitié » à sa suivante Lisette, et de ne pas trouver dans son futur le « bon caractère » qui assurerait son « repos ». Ne se défendant pas d'avoir « l'âme tendre », mais plus coquette, la Lucile des *Serments indiscrets* préfère continuer à jouer le rôle de « déesse », plutôt que de courir le risque de perdre son visage : « Je veux qu'il n'appartienne qu'à moi, que personne n'ait à voir ce que j'en ferai, qu'il ne relève que de moi seule. Si j'étais mariée, ce ne serait plus mon visage... »

S'appartenir, telle est bien la question. Et donc ne pas se donner, pour ne pas changer. Marivaux n'ignore pas qu'un projet de mariage peut être purement et simplement une entreprise sur la fortune (la *Fausse Suivante* montre ainsi une jeune fille indépendante en train de déjouer les projets, à son endroit, d'un coureur de dots). Mais il ne s'agit pas de cela. Au-delà des changements de ses conditions de vie, ce que craint le sujet marivaudien est la perte de sa propre identité. Qu'il soit heureux ou non, il s'aime assez tel qu'il est, ou tel qu'il croit être, pour ne pas risquer la perte de cette image de lui-même, que lui confirme le regard des autres. Cette maîtrise sur soi-même qui lui procure d'appréciables satisfactions, l'injonction parentale au mariage, le discours social dans son ensemble, le surgissement du désir la menacent. Il arrive que cette identité antérieure à l'amour soit marquée de quelque ridicule (ainsi pour l'original Ergaste dans les *Sincères,* ou le petit maître Rosimond, dans le *Petit maître corrigé*). Mais ce n'est pas le cas le plus fréquent. Ce que Marivaux désigne dans la résistance à l'amour n'est pas la manifestation mesquine d'une économie de l'amour-propre, mais un légitime processus d'autodéfense, où l'individu agit au nom de valeurs reconnues par la société, comme le souci de son bonheur personnel, ou celui de sa dignité.

« Aimer fait peur », selon le titre d'un roman contemporain. Cet arrachement à soi, le sujet marivaudien tente d'en maîtriser l'avenir ou d'en limiter les effets : quitte à se marier, Mlle Argante préfère à l'Eraste inconnu que lui propose son père, un Dorante qui, pourtant, commence à l'ennuyer (dans *le Dénouement imprévu*). Déguisée en suivante, la Silvia du *Jeu* entend soumettre son futur à un examen attentif. Sans le savoir, ou le sachant, bien d'autres personnages de Marivaux ne font rien d'autre que de soumettre leur partenaire à une épreuve où ils s'assureront que leur précieux moi ne risque pas d'atteintes trop graves. On ne peut guère manquer de voir surgir à l'horizon ici la problématique freudienne de la libido du moi et de la libido d'objet. La pièce devient ainsi, comme l'a marqué Bernard Dort, lieu d'une *épreuve* et non d'un *conflit :* si le conflit a lieu, c'est à l'intérieur du sujet lui-même, entre les diverses instances de sa personne, étant entendu que pour Marivaux, le rapport au moi est indissociable du rapport au monde.

Le changement tant redouté, l'entreprise même de l'épreuve va le faire advenir. A se pencher sur cet autre dangereux, le personnage y découvre son semblable, animé des mêmes peurs et donc capable de respecter, en l'autre, son propre amour de soi. S'efface le risque d'une discontinuité mortelle, devant l'horizon d'une continuité à deux, où chacun ne se perd que pour mieux se retrouver. Dans la symétrie idéale du *Jeu,* chacun a le plaisir de se découvrir prince. Alors le sujet amoureux peut se sentir assez fort pour prendre en mains, en personne, l'entreprise du changement.

4. La détermination intériorisée

Dans le *Dénouement imprévu,* donné au Théâtre Français, chez Molière, en quelque sorte, Marivaux avait renversé une donnée chère à son prédécesseur : un père bourgeois épris de « gentilhommerie » veut marier sa fille à un noble de province. Elle résiste, bien entendu. Mais à peine vu le jeune noble (qui s'est déguisé), elle a le mot même de Silvia : « Voilà un joli homme », et s'empresse de tomber dans ses bras. Brève épreuve qui attire l'attention sur un trait constant chez Marivaux : l'étrange divination qui fait que les parents (ou le père seul) désignent l'un à l'autre les partenaires du futur mariage, alors que ceux-ci ne se connaissent même pas, et que ces partenaires ne manquent pas de s'aimer... (situation que l'on trouve, avec quelques variations, dans le *Préjugé vaincu,* les *Serments indiscrets,* le *Petit maître corrigé, la Joie imprévue,* le *Jeu*). Un rôle assez analogue *d'annonceur* de l'amour est dévolu au baron de la première *Surprise.* La résistance à l'autorité parentale (ou à la prophétie burlesque du baron) apparaît dès lors comme un rituel conduisant en définitive à une union assortie et répondant aux désirs de la famille aussi bien qu'à la convenance sociale.

Marivaux semble ici s'être amusé aux dépens des théories « fatalistes » de l'amour-passion. Qu'énoncent les pères lorsqu'ils proposent le mariage ? Qu'il existe une loi générale de reproduction de l'espèce, et de plus des lois sociales qui gouvernent généralement le mariage. Or la mythologie de l'amour exige que le choix amoureux soit unique, irremplaçable, émané du plus profond, du plus secret de la personne. La situation princière prête à un tel choix. Princes ou fées ont un choix potentiellement infini. Choisir Arlequin pour la fée, dans *Arlequin,* une paysanne pour le prince de la *Double Inconstance,* un prince déchu pour la princesse du *Triomphe de l'Amour,* c'est faire ce que rien ni personne ne peut leur commander. Transgressant la convenance sociale, ils n'en affirment que mieux leur différence avec le commun des mortels ainsi que le fait d'échapper à l'ordre des besoins. Le choix paradoxal comporte donc une appréciable gratification narcissique, puisqu'il renvoie au prince une image de sa propre supériorité, et que, d'autre part, la faiblesse de l'aimé l'assure de pouvoir exercer sur lui, ultérieurement, un pouvoir. Le risque de changement est d'autre part pour le prince réduit au minimum : dans son rapport au monde et à la société, c'est l'autre qui sera amené à changer.

Il n'en est pas de même des unions assorties, dans l'univers vraisemblable de la *Surprise* ou du *Jeu.* Les personnages ne peuvent ignorer qu'il existe, à propos de leur relation, un discours que j'appellerai *trivial,* et qui leur rappelle de quelles déterminations extérieures leur rencontre est le fruit. A travers ce discours, ils ne peuvent percevoir leur désir que comme accomplissement de la volonté des autres et de lois générales. Rien ici qui leur appartienne en propre. Ils ne peuvent assumer en personne cette intention de changement qui vient d'ailleurs. D'où la nécessaire procédure de la *proposition refusée.*

Tout le temps de la pièce se passera à oublier les déterminations externes, ou plus exactement à les intérioriser, à élaborer, dans le langage, la singularité de la relation amoureuse, à la rendre digne, en quelque sorte, d'histoire ou de roman. Autrement dit à construire ce lieu où le personnage, comme il l'était pour lui-même, deviendra, pour l'autre, irremplaçable et unique. Il faut le temps, pour y parvenir, de s'approprier ce qui n'est d'abord que le désir des autres — le temps aussi de transformer en *son* désir ce qui, en lui-même, n'est d'abord que *le* désir.

Cela n'empêche pas la détermination externe d'exister, bien entendu, et même d'enclencher le mécanisme romanesque, par le seul fait qu'elle entraîne la désignation de l'objet à aimer, et donc la procédure du refus. Il suffit que les parents n'en compromettent pas l'action en l'étayant maladroitement de leur autorité (faute où ne tombent pas les pères, mais bien les mères, chez Marivaux). Ce n'est pas dire que l'amour soit illusion. C'est dire seulement qu'il ne se produit qu'à pouvoir ignorer une grande part de ce qui le motive, qu'à s'envisager comme l'échange de deux singularités.

Dans cet échange, si la convenance sociale joue un rôle aussi positif, c'est qu'elle pourvoit les futurs amoureux d'un même langage. Dans cet affrontement de deux amours-propres que va résoudre une progressive identification à l'autre, il convient que les deux partenaires puissent s'entendre et se répondre. Silvia et Dorante, déguisés en serviteurs, dans le *Jeu,* n'éprouvent que répulsion pour les domestiques travestis qu'on leur propose. Mais, dans la *Surprise,* Lélio et la comtesse s'accordent aussitôt pour dire tout le mal possible de l'amour et du sexe opposé. Mais dans le *Dénouement imprévu,* Mlle Argante qui fait la folle n'a pas de peine à communiquer avec un Eraste qui a su se déguiser. On pourrait allonger la liste. Il s'agit bien dans tous les cas de la capacité d'utiliser le même langage, non de l'identité des fortunes ou des rangs : le bourgeois peut épouser l'aristocrate, par exemple. Cette capacité à son tour renvoie à des ensembles sociaux définis par leur niveau de langue. C'est bien parce qu'ils sont liés par cette commune capacité de langage que les amoureux de Marivaux peuvent effectuer la dénégation (nécessaire à leur amour) de la convenance sociale et familiale qui les a désignés l'un à l'autre...

5. L'avenir du couple

Curieuse « machine matrimoniale » selon l'expression de Michel Deguy, que ce théâtre où un réseau plus ou moins subtil d'écarts et de ressemblances, réels ou illusoires, permet à l'amour, au prix d'un passage par le désarroi, de se donner les chances de durée. Avant de se déclarer elle-même, la Silvia du *Jeu* évoque dans sa joie cet avenir : « Dorante et moi, nous sommes destinés l'un à l'autre... si vous saviez combien tout ceci va rendre notre union aimable ! il ne pourra jamais se rappeler notre histoire sans m'aimer ; je n'y songerai jamais que je l'aime. » Encore faut-il que les partenaires sachent renouveler leur plaisir à explorer leurs différences mutuelles, qu'une fois passé l'émerveillement initial, ils n'en reviennent pas à considérer qu'ils ne font qu'accomplir la loi de l'espèce ou celle de la société. A ce prix, peut être évitée la déchéance fatale promise par les classiques au mariage.

Cette situation du couple menacé par la répétition, Marivaux l'a évoquée dans ces pièces de l'inconstance que sont les *Sincères* et l'*Heureux stratagème* (la *Double inconstance* étant, de fait, une pièce de l'infidélité), dont l'action est située avant le mariage, mais dans un milieu mondain où les couples sont déjà formés depuis assez longtemps au lever du rideau. La situation est celle de la partie carrée, les personnages tentant de retrouver avec un autre partenaire l'intensité perdue des premiers instants, et les satisfactions d'amour-propre qui s'y attachaient. La comtesse de l'*Heureux stratagème* en est si consciente qu'elle fait à peu près de l'infidélité une obligation morale, « à moins que de vouloir tromper les gens »... Cette théorisation explique son échec dans la pratique : c'est moins un autre objet qui est choisi qu'un système par où le personnage pourrait maîtriser les gratifications narcissiques qu'il désire recevoir et ne peut que les augmenter, puisqu'il est encore lui-même dans la position d'être aimé (le « stratagème » consistera précisément à faire croire à la comtesse que l'homme qu'elle dédaigne ne l'aime plus...). Dans les *Sincères,* est davantage marqué le souci de se donner une identité sociale, une originalité qui, chez Ergaste, n'est pas sans rappeler les prétentions du *Misanthrope* de Molière, tandis que la marquise trouve, dans cette même prétention à la sincérité, un moyen commode de décharger une redoutable agressivité. Il y a quelque sens à ce qu'il y ait chez les uns et les autres une même revendication de vérité : il s'agit bien là de restaurer le sentiment d'un langage véritable perdu par les amants. L'opération réussit en permettant de saisir le prix de l'ancienne identité amoureuse, rendue neuve par ce détour. Reconnaissons cependant que dans ces deux pièces en chassé-croisé, opposant deux fidèles à deux inconstants, la renaissance de l'amour est de faible amplitude, sans doute parce que les « mises » de ces personnages quelque peu « usagés » (au sens de l'époque) restent faibles et que le mariage même ne signifie pas un écart considérable par rapport à leur situation initiale. La marquise qui invente l'heureux statagème et se fait meneur de jeu, dans un style qui annonce celui de l'héroïne de Laclos, en vient à peu près à se dégoûter du chevalier gascon dont le cours de l'intrigue a tristement révélé le caractère de fantoche. Il est vrai que dans ces univers fermés, où ne s'ébauche aucune perspective de changement de statut ou de groupe social, il est malaisé de cultiver l'illusion d'un nouveau monde. L'amour semble ici directement victime de la faiblesse de sa détermination externe.

Dès son époque, on a plaisanté Marivaux sur la lenteur de ses héros à se déclarer et leur hâte à passer aux noces. D'où l'accusation de bavardage : dans la longue marche vers l'aveu, les personnages passent leur temps à se défendre contre ce qui leur survient, et à tenter de l'ignorer, apprenant ainsi ce que signifiaient les mots qui parlaient d'amour. Dès le moment où ils ont pu *se* dire qu'ils s'aimaient (au sens réciproque aussi bien que réfléchi), il n'y a plus lieu de s'attarder, puisque déjà c'était l'idée du mariage qui était en question dans la découverte amoureuse.

B. LE DESTIN DES SERVITEURS

Le monde des serviteurs, chez Marivaux, répète à certains égards celui des maîtres, tout au moins dans une bonne partie de son œuvre, où il reprend la tradition italienne des couples parallèles, dont l'un renvoie volontiers une image « comique » de l'autre, valets et soubrettes connaissant aussi la surprise mais expédiant plus vite un amour-propre moins chatouilleux, et donnant du même coup aux maîtres une leçon de nature.

La toute première pièce de Marivaux indiquait une autre ascendance : dans le *Père Prudent et équitable,* un Crispin, héritier de Mascarille — *fourbum imperator* — et de Scapin, se déguisait de mille manières pour épargner à la fille de son maître un mariage peu désiré. Assez vainement, d'ailleurs, puisque le père — prudent et équitable — finissait par accepter de lui-même l'amoureux, enrichi il est vrai, entre temps, par le gain d'un procès.

Plus originale est l'invention du Trivelin de l'*Arlequin poli par l'amour,* fable décidément fondatrice. Dans le conte de fées dont s'inspire Marivaux, l'auteur, apparemment à court d'invention, avait eu recours, pour arriver à une fin heureuse, à la trahison d'un sylphe. Trivelin a un rôle autrement capital dans l'*Arlequin :* chargé par la fée d'épier à sa place et sous la protection d'une bague qui le rend invisible, les deux amoureux, il passe de leur côté à la scène 18 et leur révèle le secret du pouvoir de la fée : ce pouvoir ne tient pas à sa personne, mais à la possession de la baguette magique qu'il suffit donc de lui enlever par ruse. En quoi Trivelin non seulement joue le rôle d'arbitre dans l'action en cours, mais change durablement les rapports de force entre les personnages. Le personnage a d'autre part une stature morale : dans la scène d'exposition, il ne cache pas son mépris pour l'infidélité de la fée à l'égard de Merlin, et essaie en vain de la rappeler à la raison. La manière dont il justifie ce qui est bel et bien une trahison est ambiguë : « aussi bien ne mérite-t-elle pas qu'on la serve, puisqu'elle est infidèle au plus généreux magicien du monde, à qui je suis dévoué ». Jouent ici simultanément fidélité au maître et jugement moral ? Mais peut-on être serviteur de deux maîtres ? (Arlequin avait été le héros d'une pièce portant ce titre). Et Merlin, irrévocablement absent, approuverait-il cette divulgation peut-être imprudente du secret des maîtres ? Il reste que dans le schéma proprement révolutionnaire que dessine l'*Arlequin,* (on y assiste en effet à un exact retournement des positions de pouvoir), Trivelin est l'axe autour duquel tourne l'ensemble. Car, chose curieuse, Trivelin ne s'empare pas lui-même de la baguette : il se retrouvera, comme les autres séides de la fée, battu, à la fin de la pièce, par Arlequin, Marivaux précisant : « il bat après les danseurs, les chanteurs, et jusqu'à Trivelin même » — précision utile, puisqu'à la fin de la scène 18, le même Arlequin s'exclamait à son propos : « Quel honnête homme ! »

Une première morale pourrait être tirée de l'histoire : c'est que de la mésentente et de la tromperie des maîtres entre eux, naît la trahison du serviteur, qui s'en trouve au moins partiellement légitimée. On peut toujours estimer qu'entre deux fidélités contraires, Trivelin choisit la meilleure, et se trouve, en quelque sorte, contraint de s'instituer en sujet moral, c'est-à-dire en être libre. Périlleuse conséquence : le serviteur peut se croire en droit, tout uniment, de manquer à sa parole et de désobéir à l'ordre donné. Se dissout alors ce qui, dans le rapport du valet au maître, subsistait de féodal, la relation de personne à personne qu'implique la vassalité.

S'autorisant, en l'absence de Merlin, à incarner la justice, Trivelin ne tire de sa trahison aucun bénéfice. Ce moraliste ironique n'est le sujet d'aucun désir. Trahison pure, en quelque sorte, dans cette contrée de féerie où l'on ignore l'argent. Mais la représentation symbolique de cet argent se trouve peut-être ailleurs. Il faut se souvenir que l'*Arlequin* date de 1720, et fut représenté en ce même mois d'octobre où le gouvernement refusa de payer les billets émis par Law, en situation d'inflation vertigineuse depuis le début de l'année. D'où de spectaculaires renversements de fortune et de conditions. La féerie était commode pour représenter le pouvoir sans distinguer si c'était celui du rang ou de la fortune : ce que dit l'apologue de la baguette est que le vrai pouvoir ne tient pas à la personne, mais à la possession d'un moyen universel d'agir sur l'univers. Ainsi se renversent les hiérarchies. On n'a jamais figuré peut-être de façon plus brutale la chance de totale subversion que contenait la montée des puissances économiques et financières, pour l'ancienne société. Ce que Marivaux n'évoque pas, en revanche, c'est l'autre face des choses que montre le *Turcaret* de Lesage : le valet Frontin prenant la succession de son ex-patron ruiné et, du même coup, la voie de la Fortune. Mais il n'ignore pas, comme le montrent les pièces qui suivent, que le serviteur se laisse volontiers tenter par l'argent, même s'il est rarement un franc scélérat.

Hors de l'univers féerique, une question se trouve posée : quelle est l'étendue du pouvoir que peut acquérir, sur le maître, un serviteur qui est traditionnellement à la fois son agent et son confident ? Est-ce que son rapport direct avec la nature, pour l'exprimer dans les termes d'une dialectique du maître et de l'esclave, ne le conduit pas fatalement à déposséder le maître ? Cet horizon-là n'est pas absent d'*Arlequin*.

Il paraît fort éloigné, en revanche, dans la pièce pourtant presque contemporaine de la *Surprise*. Arlequin valet est le confident du maître : ce n'est que pour imiter assez naïvement, pour ne pas dire sottement, le refus de l'amour que Lélio s'est imposé. A peine aperçue Colombine, il a du reste le bon sens de percevoir tout ce qu'il y a là d'artifice et fournit à ce maître une représentation burlesque de la peur d'aimer. Dans cette affaire, Arlequin et Colombine sont les accoucheurs d'un amour qui ne parvient pas à se dire. Leur action propre consiste à donner l'occasion de parole nécessaire. Il n'est pas sûr qu'elle accélère le mouvement vers l'aveu. « Cet original dispute contre son cœur, comme un honnête homme », dit Colombine d'Arlequin. Les maîtres résistent d'autant mieux à leur passion que la facilité d'aimer, propre aux domestiques, leur en donne une version qu'ils ne peuvent manquer de tenir pour inférieure. Ressembler à Arlequin, pour Lélio, admettre que Colombine a raison pour la comtesse, c'est aussi perdre un peu de leur identité sociale d'honnêtes gens : il faudra que l'amoureux soit assez sûr de lui-même et de son partenaire pour accepter d'obéir à la même loi de nature qui gouverne les valets et les soubrettes. Les uns et les autres se servent mutuellement de repoussoirs : situation qui leur permet de se rendre, grâce à la parole, un service mutuel... Sous ces apparentes contradictions, l'univers de la *surprise* est celui d'une harmonie fondée sur le jeu subtil des ressemblances et des différences, les deux paysans dont le mariage est l'occasion de la rencontre entre Lélio et la comtesse, entrant du reste eux aussi dans la danse.

Cette complémentarité rêvée du maître et du serviteur est le point d'aboutissement de la réflexion théorique de Marivaux, lorsqu'il aborde le problème dans son utopie de l'*Ile des Esclaves*. Rude point de départ : maîtres et serviteurs débarquent dans une île peuplée d'ex-esclaves, où l'on intervertit, d'autorité, les rapports de pouvoir. En résulte d'abord, comme on peut s'y attendre, une libération, chez le valet et la suivante, du ressentiment accumulé durant des années d'« esclavage ». Et même de la part du valet, une tentative de séduire l'ex-maîtresse déchue. Mais l'expérience s'arrête d'elle-même. Les serviteurs ne peuvent supporter la souffrance des maîtres et s'ennuient du reste de la belle passion qu'implique leur nouvelle condition. Tout le monde pleure. Dans cette Antiquité de fantaisie, on ne sait trop si le retour vers Athènes prélude à un retour aux anciennes conditions, mais avec des sentiments différents, ou à un partage des biens supposant une égalité. « Nous sommes admirables, nous sommes des rois et des reines », clame Arlequin, à la fin de la pièce, en réclamant au Trivelin meneur de jeu le bateau du retour. Est-il dupe ? Rien ne permet de le supposer.

Il est sûr que le cadre antique et la notion d'« esclavage » permettent d'éviter le problème posé par la relation *économique* du serviteur au maître. Cette relation, on la voit déjà à l'œuvre dans la *Double Inconstance* : dans l'univers princier, Trivelin et Flaminia ont tout intérêt à jouer le jeu d'un prince moins facile à déposséder que la fée. Flaminia y trouvera même, en prime, l'occasion de conquérir le « petit homme » qui a éveillé sa curiosité. Dans des univers moins « romanesques », il est évident, inversement, que dès le moment où le serviteur entreprend de contrecarrer le désir profond du maître, notamment dans le souci de ménager ses « petits profits », il est condamné à l'échec : dans la seconde *Surprise,* Lisette, soudoyée par le comte, tente vainement de faire avorter l'amour de la marquise pour le chevalier. Échec semblable pour la Lisette et le Frontin des *Serments,* pour une autre Lisette du *Legs,* lorsqu'ils s'imaginent pouvoir gouverner leurs maîtres et tirer profit d'une trahison. Il semble même que ce souci du profit contribue à priver le serviteur de cette espèce de divination qu'il possède pour connaître les sentiments du maître : à suivre la volonté avouée de sa maîtresse, qu'accompagne l'espoir d'une récompense, Lisette, dans le *Dénouement imprévu,* parie sur le perdant... et perd elle-même. Le maître : par là, il faut entendre celui qui possède, en dernière analyse, le plus de pouvoir. Les pièces princières le montrent bien : le valet Arlequin peut faire chanter un ministre, dont il a surpris le secret dans le *Prince travesti* ; de même, un autre Arlequin et son complice, le jardinier Dimas, menacent la princesse du *Triomphe de l'amour* (en quoi ils trahissent leur maître Hermocrate). Mais cette prise de pouvoir ne va pas bien loin : dans le *Prince,* la sottise d'Arlequin lui fait éventer malgré lui le secret, et dans le *Triomphe,* lorsque les deux compères dépassent les bornes, la princesse a tôt fait de leur signifier que la plaisanterie a assez duré et qu'ils pourraient se retrouver dans quelque prison... On est loin du Trivelin de 1720.

Même possesseur du « secret » du maître, le serviteur n'a ni l'assise sociale, ni les moyens intellectuels pour en tirer l'effet d'une révolution. Généralement, dès qu'il entre dans le champ de la machination consciente, il est battu d'avance ; c'est-à-dire dès le moment où il fait entrer en jeu un intérêt d'argent, autrement dit la propriété d'un moyen de pouvoir indépendant du maître (le seul qu'il puisse envisager, puisque sa condition lui interdit la voie de l'ambition sociale). Autant vaut donc pour lui qu'il s'en fie aux ressources de son instinct, quitte à être parfois le singe burlesque de son maître, comme dans la première *Surprise,* les *Serments* ou le *Petit maître.* Il peut alors remplir son rôle d'accoucheur de l'amour, et ceci en raison même de son infériorité.

Au mythe d'un amour-passion qui destine uniquement tel être à tel autre, les serviteurs ne peuvent guère croire. Ils sont aux prises avec des questions de subsistance, c'est-à-dire le souci de garder leur place. Avec ou sans cérémonie, leur destin est généralement, dans les pièces de Marivaux, d'épouser, à la suite du maître, le subalterne qui leur fait face. Autrement dit, ils n'ont guère de possibilité d'accéder au choix princier et ne peuvent manquer de savoir à quelle loi ils obéissent, ce qui les dispense des longs détours auxquels sont voués les maîtres. Mieux que ces derniers, ils savent qu'ils ont un corps, et s'ils agissent sur le maître, c'est bien en leur offrant le spectacle de ce corps. Mais la conscience des nécessités qui les dominent les empêche de prendre au tragique une insatisfaction. Dans les *Sincères,* l'union provisoire des maîtres, fondée sur un double dépit, est vouée à l'échec ; Lisette et Frontin s'entendent donc pour ne pas s'aimer ; ils s'entendent même si bien que l'amour ne serait pas loin, mais il n'en sera pas question. Le valet et la soubrette célèbreront leur sympathique désunion dans un éclat de rire final.

Cette différence même rend compte des limites imposées au pouvoir du serviteur : au-delà d'un certain point, le subalterne ne peut plus prévoir, ni imaginer ce qui se passe chez le maître, en raison même du mode de vie que lui impose sa condition.

Or le maître ne souhaite pas que le serviteur accède à cette imagination-là. Et cela tient à la nature même de la relation de service. Le *bon* serviteur est celui qui sait répondre aux désirs, avoués ou non, du maître, et, le cas échéant, accomplir des tâches qui déshonoreraient un « honnête homme ». Dans la *Double Inconstance,* le paysan Arlequin s'étonnait que, pour lui faire honneur, on le fît suivre par des domestiques qui, n'étant suivis eux-mêmes par personne, étaient sans aucun doute des gens sans honneur... Dans la même pièce, Flaminia rappelle à Lisette, qui hésite à séduire Arlequin : « Tu n'es non plus que moi que la fille d'un domestique du prince... » (I, 3). Autrement dit, le serviteur n'a pas accès aux valeurs selon lesquelles les maîtres prétendent se gouverner. Ceux-ci ne manquent pas d'invoquer, le cas échéant, les grands principes moraux : mais, hors de l'utopie, c'est dans la mesure où ces principes fondent un contrat qui autorise éventuellement à les violer à l'égard de tiers. Dans *l'Ile des esclaves,* le serviteur articule clairement le reproche fondamental qu'il peut faire au maître, qui est de ne lui avoir laissé aucune chance d'accéder à un ordre moral cohérent. L'exemple de l'*Arlequin* montre au reste quels risques présente, pour le maître, une telle accession. L'ordre qui donne à Trivelin l'occasion de trahir est tout à fait typique : pour ne pas manquer au serment qu'elle a fait de ne pas jouer de son invisibilité, la fée use de Trivelin pour épier les amants en son lieu et place : de fait, les maîtres ne cessent d'utiliser les serviteurs pour accomplir les besognes que leur honneur ou leur moralité leur interdit. Ce qui fait que même si le serviteur ne parvient pas à dominer le maître, ce dernier n'en est pas moins *conditionné* et défini par la relation de service.

Dans un univers vraisemblable, quelle est la chance de pouvoir d'un serviteur que ne paralyseraient ni les bons sentiments ni le respect des conventions morales ? Marivaux semble avoir tenté l'expérience avec le Trivelin de la *Fausse suivante :* au philosophe sans discours, mais actif de l'*Arlequin,* succède ici un cynique qui raconte, de façon fort pittoresque, les diverses expériences qui l'ont conduit à prendre la livrée. Cet héritier du *picaro* espagnol — « tantôt maître, tantôt valet » — annonce aussi Figaro, dans son célèbre monologue. Ici encore, la désunion des maîtres favorise le serviteur : une fois que Trivelin, embauché par le « chevalier », a deviné le secret de son sexe, il peut sans difficulté la faire chanter. La réponse de l'intéressée est cependant immédiate : elle prétend n'être qu'une suivante, et au prix de quelques familiarités, elle mène à bien son projet qui est à la fois de percer à jour les menées d'un coureur de dots, et de lui enlever en outre une autre femme qu'il comptait épouser. Rien de plus exemplaire que cette démonstration de pouvoir dans une histoire au demeurant exemplairement sordide, et dont la victime est surtout une comtesse qui découvrira au dénouement qu'elle est amoureuse d'une travestie... Dans cette affaire, le cynique Trivelin est bien vite dépassé par les événements et ses tentatives pour trafiquer du secret ne le mènent bien vite qu'à la promesse de coups de bâton. Effectivement, la suivante mène le jeu, mais c'est une *fausse* suivante, disposant, outre sa fortune, des moyens intellectuels et de l'art de séduire propres aux maîtres. En regard de cette habileté qui le trompe tout le premier, le malheureux Trivelin fait figure de naïf...

Le serviteur peut-il être à la fois lucide et fidèle ? Un an avant les *Fausses Confidences,* Marivaux invente un de ses personnages les plus troublants, avec le « gascon froid » qu'est Lépine, dans le *Legs.* Il s'agit là d'une des pièces les plus « grises » de Marivaux, le souci de fortune dominant ici encore le monde des maîtres : un marquis n'ose se déclarer à une comtesse, par timidité, sans doute, mais aussi parce qu'il perdrait ainsi les deux cent mille livres — c'est-à-dire le « legs » — attachés à personne d'Hortense, s'il l'épouse. Pour le bonheur général et le sien propre, Hortense étant une franche coquette, il finira par consentir à la perte. Le propre de Lépine est ici d'une part sa profonde indifférence au jugement qu'on pourra porter de lui, à la figure qu'il fait dans un jeu d'évaluation morale parfaitement mystifiant. A la comtesse qui s'indigne des calculs que fait Lisette pour la rendre plus « lucrative », il rappelle ceci : « Cette prudence ne vous rit pas, elle vous répugne ; votre belle âme de comtesse s'en scandalise ; mais tout le monde n'est pas comtesse ; c'est une pensée de soubrette que je rapporte. Il faut s'excuser la servitude. Se fâche-t-on qu'une fourni rampe ? La médiocrité de l'état fait que les pensées sont médiocres. Lisette n'a point de bien ; et c'est avec de petits sentiments qu'on en amasse. » (III, 21). Mais Lépine ne cherche pas à s'excuser lui-même ; il n'en a pas besoin. Que ce soit par sympathie pour le marquis ou par attirance pour Lisette, il est partisan de son union avec la comtesse, mais il ne manifeste aucune répugnance à recevoir de l'argent d'Hortense pour soutenir ce parti. Il met en jeu sa place avec la même sérénité, sans se targuer pour autant de désintéressement. Il utilise en virtuose le mensonge, et même la délation. Il ne cherche pas à être estimé de son maître; mais lorsqu'Hortense lui demande s'il l'est, il répond froidement : « Extrêmement, Madame ; il me connaît. » (I, 2). Peut-être cette assurance n'est-elle possible qu'avec un maître estimable, mais exemplairement faible, et conscient de sa faiblesse, qui n'ignore pas à quel point un tel valet lui est nécessaire. Ayant admis, selon la formule de Trivelin que c'est son habit qui est un coquin, il n'éprouve pas la nécessité de montrer qu'il remplit en personne ce destin ou qu'il y échappe. D'où un complet amoralisme, ou du moins une morale, si elle existe, qui ne se manifeste jamais dans le discours.

Ce qui le caractérise en revanche, dans cette pièce, par différence avec les autres personnages, est qu'il est le seul à échapper à cette fascination de l'argent qui tend à gouverner tout un chacun. Ce trait contribue à faire de lui un personnage libre des déterminations qu'il reconnaît chez les autres. Mais encore une fois il n'en professe rien, se contentant de faire passer parmi ces êtres dévorés de prudences et d'hésitations, le défi insolent et gascon de son désir.

A ce désir, Lépine ne prétend pas que tout obéisse. Il gagne Lisette, tant mieux ; on devine que ce joueur est prêt à encaisser la perte avec froideur. Loin de poser au démiurge, Lépine semble avoir pris son parti de l'absurdité régnante, et rien n'est plus loin de ses intentions que d'y mettre ordre.

III. Les *Fausses Confidences*

Dès la première lecture de la pièce, on sera frappé de la manière dont les *Fausses Confidences* semblent s'écarter des lois qui gouvernent l'action dans la plupart des pièces de Marivaux. Et tout d'abord à propos de cette donnée fondamentale qu'est la passion de Dorante pour Araminte. L'inégalité des partenaires est évidente, et c'est le plus faible des deux qui commence à aimer. Cette passion commence hors champ, six mois avant le lever du rideau, alors qu'Araminte ignore jusqu'à l'existence de Dorante. Ce qui place ce dernier dans la situation de ces personnages tout-puissants qui, dans l'*Arlequin,* le *Triomphe de l'amour,* ou l'*Épreuve,* peuvent d'autant mieux se donner à l'amour que la magie, le pouvoir politique ou la fortune les assurent d'une relative dépendance de l'objet aimé. Dans les deux premières de ces pièces, tout comme pour Araminte, c'est la première vue, à l'insu de l'aimé, qui suffit à déclencher la passion. Cette dernière a atteint toute son intensité dès le lever du rideau, et il ne s'agit plus que de trouver les moyens de la rendre heureuse. Tout comme la fée ou la princesse, Dorante semble ignorer la peur d'aimer. La symétrie habituelle est donc rompue : la marche vers l'aveu à soi-même sera le seul fait d'Araminte. Sa position dominante devrait le lui faciliter. Or c'est elle qui manifeste une résistance...

Autre anomalie : l'abandon du parallélisme entre maîtres et serviteurs qui n'avait été menacé qu'illusoirement dans le *Jeu,* sans que pourtant on en vienne à l'écart maximal du schéma prince-bergère. La suivante Marton se trouve rivale de sa maîtresse Araminte. « Il y a de l'indécence à épouser son intendant », commentera le marquis d'Argenson, traduisant le malaise des contemporains.

Enfin ces derniers ont été sensibles au tour de force réalisé par Marivaux : une jeune et riche veuve épouse le soir un homme qu'elle ne connaissait pas le matin même et auquel aucune « autorité » ne la destinait. Une question se pose sur la manière dont, dans ce cas, le mariage peut signifier, comme il le fait habituellement, le consentement à l'amour. On a pu, à l'époque, d'autant mieux évoquer, à propos des *Fausses Confidences,* un « sujet de roman » que Marivaux avait, en 1734, dans le *Paysan parvenu,* traité un thème analogue : un valet épousait sa maîtresse. Du moins laissait-il aux deux partenaires le temps nécessaire pour éprouver que leur relation relevait d'un type de sentiment conduisant au mariage. Et ce temps, Dorante pourrait le trouver en s'introduisant comme intendant chez Araminte — motif familier au théâtre, ainsi dans l'*Avare* — et en développant la relation de confiance qui s'ébauche à la scène 12 de l'acte I et pourrait conduire à l'aveu. Mais à peine amorcée, cette histoire-là capote avec la « fausse confidence » faite par Dubois, selon le projet annoncé à la scène 2, qui est bien un projet de mariage (le spectateur n'apprend que tardivement dans cette scène que l'amour est en jeu), reposant sur le dénoncement du déguisement et l'effet de scandale. Si, comme le propose Frédéric Deloffre, les *Fausses Confidences* ont, parmi leurs sources, l'*Histoire de Dupuis et de Mme de Londé,* de Robert Challe (1713), on retiendra que dans cette dernière œuvre, racontant aussi la conquête d'une riche veuve, c'est précisément le mariage auquel l'héroïne de Challe se refusait, tout en ne refusant pas son amour.

Il est naturel dans ces conditions d'examiner d'abord l'entreprise qui porte l'autre, c'est-à-dire ce projet de mariage élaboré et mené à bien par Dubois, cette intrigue théâtrale qui ne laisse pas à l'histoire romanesque le temps de se développer. A qui s'adresser mieux qu'à celui qui en a été le meneur de jeu et dont l'action spécifique donne son titre à la pièce ?

A. IDENTITÉS EN CONFLIT OU « LES EFFETS SURPRENANTS DE LA SYMPATHIE »

1. Dubois ou les pouvoirs du démiurge

« Je mériterais bien d'appeler cette femme-là ma bru », conclut Dubois à la fin de la pièce. Effectivement la fonction de donneur de filles et éventuellement de fils fait du père de famille un agent matrimonial. Dans le *Jeu,* M. Orgon se trouve aussi remplir le rôle du maître d'intrigues. Du moins, la double idée de déguisement ne lui revient pas en propre et il se contente de l'accepter. Surtout à proposer Silvia et Dorante l'un à l'autre, il ne prétend pas qu'ils doivent s'aimer : il leur en laisse seulement la chance en ne les contraignant pas, mais ne saurait être en rien sûr du résultat. Il se garde bien d'en faire la théorie et n'affirme nulle part maîtriser quelque loi qui gouvernerait les désirs. D'autres parents entendent décider du mariage, mais non des sentiments.

Or tout se passe, dans les *Fausses Confidences,* comme si un personnage avait pris conscience des lois qui régissent l'union des couples dans le théâtre de Marivaux et les utilisait de façon expérimentale. A cet égard, la position de Dubois est celle d'un auteur, dans la mesure même où il semble savoir, à propos des personnages, ce qu'ils ne savent pas encore d'eux-mêmes. Valets ou soubrettes, on l'a vu, savent aussi quelque chose des passions de leurs maîtres que ceux-ci se refusent encore à reconnaître. Mais ici la situation est différente : Dubois n'a rien à deviner chez Dorante qui clame à tous vents sa passion, mais il est troublant de le voir prédire, avec une assurance que le succès ne démentira pas, qu'Araminte aimera Dorante, alors qu'elle ne l'a pas encore aperçu. Le serviteur se trouve ici doué d'un savoir général qui lui confère une réelle puissance et en fait un individu potentiellement dangereux.

Tout au long de la pièce, Dubois semble faire en effet preuve d'une pertinence sans faille : une fois Dorante installé chez Araminte grâce à la caution de l'oncle Rémy, Dubois peut, à la scène 15 de l'acte I, déclarer la passion de son ex-maître tout en feignant de la regretter — bonne occasion de faire passer son éloge. Araminte répond par une « compassion » gênée. Dès la scène 6, elle a répondu aux prévisions de Dubois en remarquant la « bonne mine » de son futur intendant, et le « scrupule » qu'elle lui inspire (qu'en dira-t-on ?). Dès la scène 2, Dubois a conseillé à Dorante : « Tâchez que Marton prenne un peu de goût pour vous. » Conseil excellent en vérité : Marton, appâtée par la proposition de mariage faite par Rémy, va soutenir Dorante auprès de sa maîtresse, sans se douter qu'elle œuvre dans un sens directement contraire à ses intérêts, qui lui commandent de favoriser le mariage du comte et d'Araminte. C'est donc elle qui va faire éclater, involontairement, l'affaire du portrait qui, dans l'acte II, dévoile aux yeux de tous, l'amour de Dorante. Dubois aggrave le malaise en venant accuser Dorante de se perdre en contemplation devant un autre portrait d'Araminte. La scène suivante (II, 12) lui permet de rassurer cette dernière, quelque peu inquiète du rôle de Marton et d'évoquer, sous forme de dénégation, un possible mariage. La scène 1 de l'acte III le retrouve tout aussi assuré, et prêt à « achever » Araminte, mettant au point le stratagème qui aboutira à la lecture publique de la lettre surprise par Marton, où Dorante dit son désespoir et annonce un prochain « embarquement ». Nouvelle romanesque qui fait son effet à la scène 8, alors qu'Araminte lutte pied à pied pour ne pas infliger à Dorante le renvoi qui semble s'imposer. Lorsque Dubois révélera à Araminte qu'il est le responsable de l'interception, à la grande colère de cette dernière, Dorante fera encore un peu plus figure de victime. Il n'en fallait sans doute pas moins pour que se produisît l'aveu de la scène 12. Et Dubois de conclure : « Ouf ! ma gloire m'accable ; je mériterais bien d'appeler cette femme-là ma bru. » Mission accomplie, en quelque sorte.

Il est vrai que tous les accidents de cette intrigue ne sont pas le fait de Dubois : avec sa vocation de « marieur », qui veut faire épouser à son neveu, d'abord Marton, puis une riche veuve, M. Rémy contribue involontairement à l'entreprise. Mais ces imprévus se trouvent cadrer admirablement avec le plan de Dubois, qui sait en tirer, lors de ses conversations avec Araminte, tout le parti possible.

Dorante et Dubois ont affaire à la question que se sont déjà posée bien des héros de Marivaux : peut-on provoquer le sentiment amoureux ? La réponse a été, en une certaine mesure, positive dans la *Double Inconstance,* le *Triomphe de l'amour,* ou même la *Fausse Suivante* : dans les deux premières de ces pièces, l'inventeur de stratagèmes est cependant l'amant lui-même, sincèrement épris, et si ce n'est le cas dans la troisième, la maîtresse d'intrigues y est directement motivée par un projet de vengeance. La situation est différente dans les *Fausses Confidences* : Dubois prétend maîtriser, de l'extérieur, la théorie de l'amour, et cette théorie fait peser une menace directe sur l'idée que les maîtres se font de l'amour. Elle est indubitablement dévalorisante pour Araminte : sous couleur de sentiment, la grande dame ne fait que satisfaire, comme tout un chacun, le désir que l'on ne peut manquer d'éprouver devant la beauté de Dorante, cette « bonne mine » qu'Araminte remarque aussitôt, avant même le premier entretien. Cette détermination générale (confirmée en somme par les autres propositions de mariage) est assez forte pour que puisse s'y fonder tout le projet de l'intrigue.

En quoi Dubois prend bien sur l'amour un point de vue de serviteur habitué par sa condition à envisager clairement la banalité de son désir et à tenir pour pur décor les raffinements sentimentaux dont les maîtres croient nécessaire d'enrubanner la loi de nature. Il résulte de cela, dès la scène 2, une appréciation brutalement commerciale de la relation amoureuse, et de la valeur d'échange que possède Dorante. Lui dire : « votre bonne mine est un Pérou » (avec le jeu de mots que comporte cette phrase sur les mines d'or du Pérou et suppose que sa « mine » vaut de l'or), c'est faire peser sur son rapport à Araminte plus que l'ombre d'une prostitution. Inévitablement, Dorante se trouve assimilé provisoirement à ces personnages douteux et fréquents dans la fiction romanesque, qui font trafic de leurs charmes et de leur jeunesse. On comprend assez que la phrase qui suit : « Tournez-vous un peu, que je vous considère encore » ait choqué les contemporains. Non tant qu'il s'agisse d'un manque aux convenances dans le rapport valet-maître ; mais l'expression rappelle de près celles qu'emploient la maquerelle ou le client, dans le roman érotico-pornographique, lorsqu'ils évaluent les charmes d'une « fille » et le prix à en tirer. L'allusion se complète par l'image d'un Dorante « en déshabillé dans l'appartement de Madame. » Effectivement, à ce point de vue, Dorante a peut-être « soixante mille livres de rente »... Or, en envisageant les choses de cette manière, Dubois semble bien avoir raison : Araminte finit, si l'on ose dire, par « se payer » Dorante. Tout au long de l'intrigue, on le verra manœuvrer, souvent, à l'insu de son ex-maître, sans se soucier des souffrances qu'il inflige aux deux amoureux et sans se fier jamais aux ressources spontanées de la passion, quitte à déclarer à Dorante : « Votre douleur n'en a paru que plus vraie... Monsieur à souffert ! Parbleu ! Il me semble que cette aventure-là mérite bien un peu d'inquiétude. » (III, 1). Les sentiments étant ici envisagés comme moyens, c'est assez évidemment l'enjeu social que vient rappeler le terme de « mérite ».

Le point de vue de Dubois fait donc subir un indéniable rabaissement à l'idéal amoureux des maîtres. Là où ils croient mettre en jeu le plus secret, le plus délicat de leur personne, le valet met en évidence l'action de forces simples, et, serait-on tenté de dire, grossières. Tout au moins est-ce l'aspect de son entreprise qu'il exhibe le plus volontiers. N'y a-t-il pas là quelque tentation de revanche et l'expression, plus ou moins discrète, d'un ressentiment ? Car ce que tend à détruire Dubois, c'est la crédibilité, aux yeux des maîtres mêmes, de leur propre idéologie de l'amour.

Il n'y a aucune raison de mettre en doute la noblesse de ses motifs. « Tu m'as servi, je n'ai pu te garder, je n'ai pu même te bien récompenser de ton zèle... », dit Dorante. En clair, le jeune homme ruiné n'a plus pu payer son domestique, ce que Dubois dissimulera pudiquement aux yeux d'Araminte, en faisant passer son départ de chez Dorante pour une conséquence de la folle passion de ce dernier. C'est sans doute ce renversement de situation qui permet à Dubois d'accéder, en ce qui concerne Dorante, au niveau du sentiment : « tenez, en un mot, je suis content de vous ; vous m'avez toujours plu ; vous êtes un excellent homme, un homme que j'aime... ». Même si Dorante prétend que la fortune de Dubois serait la sienne (formule, dont on ne sait exactement ce qu'elle peut désigner, car enfin un partage des biens est improbable...), ce discours ne saurait être le masque d'une rapacité secrète, que rien ne vient marquer dans la pièce. Au demeurant, avec ses talents, Dubois aurait d'autres moyens de faire fortune. Mais peut-être est-il plus important, pour Dubois, de découvrir sa propre capacité d'aimer, à laquelle l'autorise la relative supériorité qu'il a sur Dorante (l'expression « je suis content de vous » s'adresse normalement du maître au serviteur). En se dévouant à Dorante, il est sûr du moins de n'être pas déterminé comme la tradition veut que le soient les domestiques. Autrement dit, l'action qu'il entreprend peut lui donner le sentiment qu'à cet endroit du moins il n'agit pas en serviteur. L'occasion lui est donnée enfin de se comporter en prince, c'est-à-dire de préférer l'objet aimé aux intérêts que supposerait sa condition. On se retrouve bien devant un schéma qui est celui de la naissance de l'amour, où s'éprouve en même temps que la peur parfois, la volupté de renoncer à sa propre identité.

Et donc, effectivement, Dubois va mettre toutes ses forces aux service du désir de Dorante qui est d'obtenir Araminte, tout en lui procurant, de plus, une solide fortune. Autrement dit en lui donnant plus qu'il ne peut espérer, et plus qu'il ne pourra jamais rendre. Il se trouve que pour en arriver là, Dubois doit rester un valet. On comprend qu'alors l'attachement sincère à Dorante — et le désir d'en être aimé et estimé — ne soit nullement contradictoire avec les autres gratifications que peut lui apporter son entreprise : la conscience d'exercer un vrai pouvoir autrement efficace que le pouvoir statutaire des maîtres, le sentiment de détenir leur vérité, la mise à l'épreuve de ce pouvoir par la souffrance infligée aux autres, qu'il s'agisse de Dorante, d'Araminte, de Marton ou même d'Arlequin. A l'endroit de Dorante, il conviendrait, chez Dubois, de parler d'ambivalence : la manière dont il le malmène parfois ou lui présente sa situation sous un jour peu flatteur peut toujours être justifiée par le but dernier de l'entreprise et le souci de lui donner courage. La même justification vaut sans doute pour sa conduite à l'égard d'Araminte, mais, dans ce cas, sans que se produise jamais un mouvement de sympathie à l'égard de la jeune veuve qu'il met à la torture. Dorante, dans la scène 1 de l'acte III, n'est pas loin de penser qu'il en fait trop, au point de lui faire manquer une scène de déclaration, qui aurait pu se produire à l'acte II. Lorsqu'il tente d'épargner à Araminte un embarras supplémentaire, Dubois lui répond en des termes qui trahissent sans ambiguïté l'intention agressive : « Oh ! oui : point de quartier. Il faut l'achever, pendant qu'elle est étourdie. Elle ne sait plus ce qu'elle fait. Ne voyez-vous pas bien qu'elle triche avec moi... » Fort curieusement, Dubois exprime ici la même colère qu'éprouvent, dans les *Liaisons dangereuses,* les libertins (par exemple Valmont à l'égard de Mme de Tourvel) lorsque les marionnettes dont ils prétendent tirer les ficelles font quelques efforts pour échapper à leur destinée. En déclarant ensuite : « Il faut qu'elle *nous* épouse », Dubois se représente lui aussi en agent du destin, mais indique à quel point l'affaire lui est devenue personnelle, par ce « nous » qui rapproche imaginairement le corps du serviteur de celui, interdit, du maître. Or la victime de ce retournement du pouvoir est bel et bien sa maîtresse « réelle », celle qui possède sur lui un pouvoir de contrainte économique.

Dubois n'a pas plus de pitié à l'égard de Marton, qu'il fait servir sans scrupules à ses desseins. Ce n'est peut-être pas sans rapport avec le fait que Marton lui renvoie l'image d'une personne originellement libre (elle est de « bonne famille ») et qui, pouvant se comporter en amie à l'égard d'Araminte, préfère un « petit profit », c'est-à-dire mille écus de récompense, à l'attachement qu'elle lui devrait, suivant en ceci un trajet inverse à celui de Dubois. Mais il ne lui inflige pas (l'affaire du portrait s'en charge, et il n'y est pour rien) l'humiliation qu'il réserve à Aramine, en la conduisant à un éclat public. Il y parvient par le moyen, pervers entre tous, de ces « fausses confidences » qui donnent leur titre à l'œuvre : fausses *non en ce qu'il s'agirait de faire croire un mensonge* — car en somme, même s'il l'enjolive parfois, Dubois ne dit à peu près que la vérité —, *mais en ce que la confidence n'y est pas une confidence, mais bel et bien un instrument d'action sur celui qui a confiance et n'est donc que faussement un rapport de personne à personne.* Cette trahison est-elle pardonnable ?

« ... qu'elle *nous* épouse » : la formule indiquerait que Dubois fait, par Dorante interposé, la conquête d'Araminte et échapperait ainsi, de façon symbolique, à sa condition. Elle se complète d'une autre, à la fin de la pièce : « je mériterais bien d'appeler cette femme-là ma bru », où, cette fois, Dubois réclame une place dans la famille, celle de père de Dorante. Autre manière d'être un honnête homme. Mais si Dubois remplit bien la fonction d'agent matrimonial qui revient en effet souvent au père chez Marivaux, son comportement est plutôt celui d'un père abusif tendant à se substituer au fils et fort peu soucieux de sa place propre dans la future famille et des sentiments qu'il a pu inspirer. D'une certaine manière, il est l'agent d'un mariage forcé. Dans le plan qu'il élabore, initialement, il n'était pas évident qu'Araminte dût être informée de toutes les manœuvres qui y avaient conduit. D'autant plus que Dubois ne lui dit, en somme, que la vérité, et que c'est M. Rémy qui, de bonne foi, introduit Dorante dans la place. Rien même ne permet, à l'acte III, de prouver la fausseté de la lettre désespérée que Dubois fait surprendre par Marton. Un seul fait devait rester caché à Araminte : la complicité effective de Dubois et de Dorante, qui constituait ainsi un champ inaccessible à la relation amoureuse, un secret partagé par les deux hommes, et donc aussi l'assurance pour le premier d'un certain pouvoir sur le second. Il convient ici moins de penser à un possible chantage qu'à la manière dont ce domaine réservé, préservé, permet à Dubois, outre de poser une limite à la liberté du maître, d'être détenteur d'une vérité sur la vie de ses maîtres, dont sa maîtresse serait par définition exclue. Araminte serait condamnée à vivre dans une illusion dont Dubois détiendrait la clé, manière toute intellectuelle de la posséder (aussi bien d'ailleurs au sens trivial du terme) et de ne pas se laisser déposséder de Dorante, tout au moins pas complètement.

Or, à la scène 12 de l'acte III, Dorante, prenant des risques évidents, avoue tout, et surtout « l'industrie » du domestique qui l'a « pour ainsi dire forcé de consentir à son stratagème ». Araminte, on s'en doute, sera sous peu amenée à apprécier avec exactitude ce qui revient à Dorante lui-même et la manière dont sa confiance a été surprise par Dubois. Il paraît peu probable qu'elle lui en soit personnellement reconnaissante, dans la mesure même où l'aveu de Dorante lui montre les risques qu'elle aurait courus à faire l'épreuve d'un moins honnête homme... Aucune indication ne sera donnée par Marivaux sur l'avenir qui attend Dubois, et la convention théâtrale l'autorisait à ne pas s'attarder sur un personnage de valet. Mais — et c'est là un des effets de cette intrusion de l'espace romanesque au théâtre — sa conclusion donne à penser sur la place qu'il peut occuper désormais, malgré ses prétentions, au sein de la famille.

Pour Dubois, qui ignore encore la révélation finale, la dernière scène marque sa totale réussite. Mais le spectateur le sait désormais réduit à l'impuissance. Dans la mesure où Dorante s'identifie à Araminte, il ne peut manquer de reconnaître qu'un tel valet est objectivement dangereux pour l'univers des maîtres. La trahison du maître lui fait récolter le bénéfice de la trahison du serviteur, tout en renvoyant ce dernier à son ignominie originelle. Conclusion amère pour le domestique qui avait cru pouvoir passer de son état subalterne à celui d'ami et qui avait cru pouvoir accéder au sentiment, du fait que cet ex-maître ne le payait pas...

Mais peut-être Dubois ne pourra-t-il même la tirer. On peut imaginer qu'Araminte et Dorante s'accordent à lui dissimuler cette ultime confidence, et qu'il devienne en quelque sorte, à son tour, leur dupe. Mais le spectateur sait quelle réponse l'intendant redevenu maître réserve à l'amour de son ex-serviteur.

Car il s'agit bien ici, pour Dubois aussi, d'une expérience passionnelle, et vécue passionnément. Il est caractéristique, à cet égard, que Dubois, contrairement à tant d'autres valets chez Marivaux, n'ait, au cours de la pièce, aucun objet amoureux (le plus vraisemblable eût été Marton, bien entendu), comme si l'affaire de Dorante requérait effectivement toute son énergie. C'est sa manière de prendre la suite de ce Trivelin d'*Arlequin poli par l'amour,* traître et justicier qui reste à l'écart du désir.

C'est bien parce qu'il s'agit d'un rapport passionnel que Dubois peut manœuvrer avec une si redoutable efficacité. Lorsqu'il ne s'amuse pas, avec quelque agressivité, à simplifier les données du problème sous la forme : *vous êtes beau, donc Araminte doit vous aimer*, il sait fort bien dire sur quoi repose son assurance : « Je connais l'humeur de ma maîtresse, je sais votre mérite, je sais mes talents. (I, 2). En l'occurrence, ces talents s'appuient sur une connaissance intuitive, et non théorique, née de la pratique et de la familiarité qu'il a eue avec ses deux maîtres successifs (liée d'une part sans doute à la ruine de Dorante, et d'autre part, à une tendance marquée chez Araminte à doubler le rapport social d'un rapport personnel, comme c'est le cas pour Marton, traitée en amie plutôt qu'en suivante, selon M. Rémy). Il conviendrait ici de mentionner les termes d'*instinct* et de *sentiment,* au sens bien précis où les emploie l'héroïne narratrice de la *Vie de Marianne.* Le sentiment est alors la capacité de saisir spontanément, sans réflexion, ce qui se passe dans l'âme de l'autre, et de se déterminer soi-même par rapport à cet autre dans le sens le plus favorable au désir, avant même que soit opérée aucune transcription dans le langage. Cette intuition ne se produit guère sans un investissement affectif, qui peut être positif ou négatif, mener à la tendresse ou à l'horreur. Même si Dubois se présente comme un stratège disposant ses « batteries », il est certain que son habileté se montre mieux encore dans ces scènes avec Araminte, où il se montre capable de s'identifier à elle, sans perdre de vue pour autant la logique de son projet.

A ce niveau de connaissance, on comprend mieux que Dubois ait pu, en quelque sorte, deviner la future « sympathie » qui allait unir Dorante et Araminte, être sûr qu'un accord se produirait entre eux, sans être pour autant capable d'en analyser les éléments, ni de prévoir que, dans une certaine mesure, cet accord se retournerait contre lui. Ce qui suppose d'une part que Dubois a déplacé sur Dorante et Araminte ces trésors d'intuition qu'un individu déploie plus habituellement dans sa vie amoureuse. Et que d'autre part, il est bien en tiers dans leur relation, dans la mesure où il a, en quelque sorte, pénétré leur intimité, avant même qu'elle existât... Indiscrétion pardonnable au père de famille, en raison de son lien de sang avec l'un des intéressés, et aussi du fait qu'elle vient se loger dans un futur échange affectif entre générations diverses. Mais qui enlèverait, dans ce cas, à Dorante et Araminte, le plaisir de se révéler *seuls* l'un à l'autre, et par un acte volontaire. D'où la nécessaire trahison...

Peut-on discerner les motifs de cette destination mutuelle, au-delà de ceux que peut invoquer Dubois et de l'arbitraire du coup de foudre ?

2. *Araminte ou les faiblesses de la fortune*

On l'a vu, à propos du statut social des personnages, Araminte est de plain-pied avec les cercles les plus élevés de la société, comme le prouve le projet de mariage avec le Comte, grâce à ce mari « pourvu d'une grande charge dans les finances ». Si rien n'est dit de son origine paternelle, il lui reste une mère, dont le statut social est aussi peu défini, mais dont le langage et le comportement sont révélateurs. Dès sa première rencontre avec Dorante, où elle lui enjoint de tromper sa maîtresse, elle manifeste l'ignorance de la plus élémentaire politesse : « C'est moi qui suis sa mère et qui vous ordonne de la tromper à son avantage, entendez-vous ? C'est moi, moi. » C'est le passage au cri, à la violence verbale qui est indiqué ici et place Mme Argante tout près de la Mme Dutour de la *Vie de Marianne,* lingère rendue illustre par sa querelle avec un cocher de fiacre, représentant pour l'héroïne toute la grossièreté de sentiments dont elle a horreur. Ces traits sont communs au peuple et à la petite bourgeoisie, surtout marchande, si l'on se réfère aux premiers textes de Marivaux dépeignant les caractères des groupes sociaux. La fascination naïvement avouée que Mme Argante éprouve pour la noblesse de naissance ne contredit pas cette indication.

Mme Argante incarne au moins une partie importante de l'environnement dans lequel Araminte a vécu. Cette dernière, dans son expérience propre, a pu prendre un autre point de vue sur cette surestimation de l'avantage de naissance. Dans le projet de mariage, c'est le Comte qui est le plus nettement le demandeur. « Elle ne ressent pas le désagrément qu'il y a à n'être qu'une bourgeoise », déclare sa mère. C'est qu'elle peut envisager une autre méthode que l'anoblissement pour participer de l'univers des honnêtes gens. Elle n'en est pas moins définie dans son origine par le point de vue qu'exprime Mme Argante, même si ce point de vue représente pour elle quelque chose d'archaïque. Mais, *a posteriori*, elle peut aussi éprouver que si une personne est définie par son passé, elle l'est aussi par les chances d'avenir que contient ce passé, elle l'est aussi par les chances d'avenir que contient ce passé, en rapport direct avec le dynamisme social du groupe auquel elle appartient.

Ce dynamisme, du fait qu'elle est une femme, Araminte en subit les effets plus qu'elle n'en est l'agent. La réflexion qu'elle fait à Dorante (7, I) sur la fortune « éclatante » que font des « gens de rien et sans mérite » montre du reste qu'elle n'attribue aucune valeur spécifique à la capacité d'acquérir une fortune. Et l'on pourrait se demander si une telle phrase ne vise pas aussi un mari défunt pour lequel elle ne semble pas éprouver l'ombre d'un regret. Cette fortune léguée n'est pas son affaire personnelle et cette impersonnalité rejaillit sur le beau mariage qu'elle autorise. En tant que femme, tout ce qu'elle peut faire de cette fortune est de tenter de ne pas la diminuer, à quoi correspond le projet de mariage avec le Comte Dorimont, qui épargnerait les frais considérables d'un procès. Il n'y a là guère de gratifications pour son amour-propre, puisqu'elle obéit ainsi à des considérations non déshonorantes, mais cependant triviales. Tel que représenté par sa mère, le désir de s'anoblir n'est guère moins trivial. L'acquisition d'un beau nom ferait d'autre part d'Araminte la seule bénéficiaire de l'opération, mais aussi la seule à subir une modification importante de son statut. En revanche, l'addition des deux fortunes ne changera guère le sort du comte Dorimont. Les menées de ce dernier — qui s'applique à lui faire croire qu'elle perdrait son procès — la réduisent à ne s'envisager que comme guidée par l'intérêt. De plus, ce qui s'annonce à travers cet intendant que le comte prétend introduire chez elle, en concurrence avec Dorante, c'est la perte de la libre disposition de ses biens, de cette autonomie que lui confère le veuvage. Tendent à se confondre ici l'autorité de « l'époux futur » et celle du grand seigneur. Mais, dès avant le mariage, elle se sait, en tant que femme indépendante, plus vulnérable qu'une autre, en raison de la sévérité de l'opinion publique pour toute inconduite féminine (point développé par Marivaux dans la *Colonie* et dans le *Cabinet du philosophe*). Dès la première scène où elle apparaît, à peine vu Dorante, elle se demande si elle n'enfreint pas une règle non écrite qui interdirait d'avoir des intendants de trop bonne mine, et il faut que Marton lui rappelle qu'une telle règle n'existe pas.

Rien de très étonnant donc à ce qu'Araminte ne puisse assumer avec désinvolture le premier mouvement du désir qui lui fait remarquer « cet homme qui salue si gracieusement ». Si elle est une princesse aux yeux de Dorante, elle ne s'en trouve pas moins, au début de la pièce, dans une situation de relative faiblesse, ou tout au moins est-ce ainsi que les discours qu'on lui tient lui font envisager sa situation.

Dès lors, cependant, de sa fortune et de son indépendance, elle fait un usage spécifique, traduit par les consignes d'honnêteté sottement appliquées par Arlequin à la scène 1, son attitude à l'égard de Marton, traitée plus en amie qu'en suivante, son souci d'apaiser la blessure d'amour-propre que pourrait éprouver Dorante à entrer dans le « service ». Il s'agit d'éviter de blesser l'autre, de venir en aide, de réparer le dommage subi (Marton est sûre qu'elle dédommagera Dorante du beau mariage auquel il renonce - 3, II). Compassion sélective que le terme de bienfaisance trahirait : c'est une fille de procureur et un fils d'avocat qu'Araminte prend ainsi sous sa protection et elle prétend œuvrer dans le sens d'une justice qui réunirait enfin la fortune et le mérite. De l'injustice régnante, elle fait, cette fois, son affaire personnelle : « C'est une chose qui me blesse... » L'expression renvoie bien à une identification à l'être supposé blessé, et à ces blessures propres qu'elle n'énonce pas, mais apaise en jouant par rapport à Marton ou à Dorante le rôle de princesse. Ce mérite dont elle s'institue juge tient à la fois à l'appartenance familiale, à la formation, à la notoriété, à l'individu. Il est sûr, en tous cas, qu'il ne tient pas à la possession d'un nom aristocratique. L'antonyme de « gens de riens » serait « gens de qualité ». Pour désigner Dorante, Araminte usera d'une curieuse formule : « un homme de quelque chose », qui traduit le caractère problématique de sa « qualité », mais s'oppose caractéristiquement au « beau nom » du Comte Dorimont. L'univers où Araminte se plaît à régner serait celui d'une noblesse *réelle*.

Ce sens de la justice, Araminte trouve à l'excercer, dès l'acte I, après la première querelle faite à Dorante par Mme Argante. Mais c'est surtout à l'acte II, avec l'aventure du portrait, qu'elle est amenée à prendre conscience de droits et de pouvoirs qu'elle semblait jusque-là ignorer et qu'elle va exercer pour préserver sa position de protectrice de Dorante. Mais à travers ce dernier, elle va prendre la mesure de son identité sociale, c'est-à-dire aussi l'imaginer d'autre manière. M. Rémy, le procureur, oncle de Dorante, tient ici un rôle capital. D'un rang social bien au-dessous de celui d'Araminte, il va cependant lui montrer qu'il peut tenir tête au Comte, ou mieux, l'ignorer. Lorsque ce dernier, courtoisement, du reste, intervient dans le débat sur les droits de la mère, M. Rémy rétorque : « Cela ne vous regarde pas. Vous savez bien que je n'ai pas l'honneur de vous connaître ; et nous n'avons que faire ensemble, pas la moindre chose. » (III, 5). Le comte se le tient pour dit. En ce qui concerne le renvoi de Dorante, c'est le langage du droit qui dit qu'en cette affaire, Mme Argante est une « étrangère ». Monsieur Rémy parle au nom d'une loi écrite, alors que le Comte et Madame Argante s'expriment au nom d'une coutume (dont la première manifestation mal reçue d'Araminte est le mouvement de jalousie que provoque le portrait chez le Comte). Et c'est cette coutume qu'Araminte met alors en question. En s'adressant au Comte à la troisième personne et sur un mode impersonnel, pour renvoyer son intendant (« Que ceux qui l'ont amené sans me consulter le ramènent... ») elle semble imiter « l'ignorance » où M. Rémy voulait tenir le grand seigneur. Même mouvement à l'égard de l'autorité maternelle, Araminte rappelant, de façon plus discrète, qu'elle n'est plus une enfant : « Ce serait une enfance à moi que de le renvoyer sur un pareil soupçon. » (III, 6).

Lorsqu'Araminte dit à Dorante : « Fussiez-vous l'homme du monde qui me convînt le moins, vous resterez : dans cette occasion-ci, c'est à moi-même que je dois cela. » (III, 7), il n'y a pas là que le signe d'un développement de la passion, mais bien l'affirmation que la personne propre est en jeu dans l'affaire et qu'Araminte a adopté un nouveau point de vue sur elle-même, comme fille, comme bourgeoise, comme femme. En écho à la timidité initiale, elle pourra proférer publiquement à la scène 6 de l'acte III : « Je suis d'ailleurs comme tout le monde : j'aime assez les gens de bonne mine. » En proclamant son droit à envisager elle aussi des objets éventuellement désirables, elle s'aperçoit qu'entre les discours divers tenus par la convenance sociale, il lui est possible de choisir. Araminte en a alors fini, en une certaine mesure, avec la suspicion qui pèse à la fois sur la femme et la richesse bourgeoise, et qui conduit l'individu à fétichiser la convenance, à se refuser d'être prince là où il peut l'être. Or être prince, c'est notamment pouvoir « faire la fortune » de quelqu'un d'autre. Appuyé sur les valeurs morales — honneur, probité — et pas seulement juridiques, que véhicule le discours de M. Rémy, ce geste permettra à Araminte de reconnaître la possibilité de la dynamique sociale dont elle a été seulement le bénéficiaire passif, et d'y participer activement par un mariage qui changera du tout au tout le sort de Dorante.

Rien de plus naturel, dans l'univers de Marivaux, qu'une position de faiblesse induise une résistance à l'amour. Mais cette faiblesse-là, Dorante l'ignore. Il tend à Araminte l'image d'une princesse et elle va éprouver qu'elle peut devenir cette image, actualiser une force jusque-là potentielle, et abandonner une identité incertaine ou blessée. A certains égards, ici, c'est l'amour qui fait naître l'amour-propre.

3. *Dorante ou les pouvoirs de l'imaginaire*

Dorante n'est pas un Arlequin : fils d'avocat, de « fort bonne famille » héritier futur du procureur, sa faiblesse majeure est l'absence de fortune, mais aussi celle d'une identitié sociale — celle tout au plus d'un avocat potentiel... Sa séduction personnelle paraît peu niable, vu le nombre des demandes en mariage. Mais de son passé, on devine peu de choses, sinon la naissance de sa passion, telle qu'elle est rapportée par Dubois. Naissance typiquement romanesque et digne des grands romans de l'époque baroque : Araminte descendant l'escalier de l'Opéra, Dorante foudroyé par cette vision et y consacrant désormais toute son existence. Dubois insiste sur la *folie* du personnage : « il est tombé fou... il extravague d'amour... il en a la cervelle brûlée... il en est comme un perdu... il perdit la raison... un air égaré... ». Rien de plus traditionnel que de parler de folie amoureuse : mais ici Dubois tend à décrire un comportement réellement délirant. Lorsque Dorante refuse le superbe parti qui lui est offert, M. Rémy reprend le même thème : « Vous êtes un imbécile, un insensé... ne le trouvez-vous pas extravagant ?... sais-tu bien qu'il n'y a pas de fou, aux Petites Maisons, de ta force ? » L'apostrophe de « berger fidèle » traduit le sentiment de l'oncle : cette espèce de comportement ne se trouve qu'en littérature...

Marivaux s'est trop intéressé aux fous, et particulièrement aux fous de littérature pour qu'on se s'attarde pas sur ce point. Ses premiers romans étaient dans la veine de Don Quichotte : dans le *Pharsamon* (ou les *Folies romanesques*) un jeune gentilhomme croyait vivre des aventures héroïques dans un univers campagnard, tandis que, dans le *Télémaque travesti,* deux paysans se prenaient pour les héros du *Télémaque* de Fénelon et en reproduisaient, dans un paysage rural, les principaux épisodes (ces deux romans, écrits en 1714, sont respectivement publiés en 1736 et 1737 et désavoués par Marivaux). Les héros, comme Don Quichotte, ont été rendus fous par la lecture. Mais il y a ici une différence capitale avec le roman de Cervantès. Car Pharsamon, le pseudo-chevalier, accompagné d'un Cliton écuyer qui rentre dans sa fantaisie, rencontre aussitôt une jeune fille à l'esprit semblablement dérangé : les fous s'entendent. Sont-ils si fous ? Si la folie romanesque mène à quelques aventures burlesques, elle n'en exerce pas moins sa séduction sur les gens raisonnables : Pharsamon finira, grâce à cette folie, par épouser une riche veuve. Leçon analogue dans le *Télémaque travesti :* les héros, à demi-conscients de leur égarement, savent qu'ils ont à déchifffrer la réalité qui les entoure pour y retrouver les aventures inventées par Fénelon. Mais l'histoire romanesque sert moins à les perdre qu'à les guider dans cette réalité et leur permet notamment d'adopter des conduites héroïques qui se trouvent bel et bien adaptées à l'univers existant. Or ces conduites, ils ne les auraient jamais tenues, s'ils avaient continué à se prendre pour de simples paysans. La fiction vient donc modifier effectivement ce qu'il est convenu de tenir pour réalité, et ceci avec bénéfice pour les personnages. Il suffit d'y croire.

Ce que Marivaux découvre ensuite est que la fonction fabulatrice n'est pas seulement le fait de « bergers extravagants », mais, à des degrés divers, le fait de tout un chacun. « Qui voit grand a grand. » Cette formule du *Télémaque travesti,* qui proclame l'efficace de l'imaginaire, pourrait être illustrée en une certaine mesure par la *Vie de Marianne :* si la jeune fille de parents inconnus, abandonnée sur le pavé de Paris, parvient à pénétrer dans la bonne société, c'est, en grande partie, parce qu'elle s'acharne à se penser comme une petite princesse infortunée et à faire reconnaître par d'autres cette image d'elle-même, d'autant plus séduisante que les « honnêtes gens » qui l'entourent sont aussi lecteurs de romans. Ce qui la suppose capable de résister à la tentation d'améliorer immédiatement sa condition par des voies qui ne seraient pas romanesques (par exemple en mettant à profit les attentions d'un vieillard amoureux...). La narratrice ne laisse pas ignorer qu'elle a dû, pour soutenir à bout de bras son mythe d'origine, recourir à bien des petites ruses (une belle robe permet, parfois, de mieux « figurer » en héroïne de roman) et que ses beaux sentiments ne sont pas toujours exempts de calculs. Il n'en reste pas moins qu'à se fier globalement à l'idée qu'elle a d'elle-même, de façon quasi instinctive, Marianne obtient des résultats que n'aurait pu lui valoir aucune conduite plus méthodique, plus « raisonnable » aux yeux mêmes de ses proches. On ne manque certes pas de lui reprocher ce qu'il y a de déplacé dans sa conduite, eu égard à sa situation de besoin : mais les âmes de qualité (et il se trouve que ces âmes ne sont pas dépourvues de biens) reconnaîtront justement dans ce déplacement la marque d'une grande âme et la preuve d'une injustice qu'il conviendra de réparer. De façon plus discrète, dans le *Paysan parvenu,* on verra Jacob jouer, dans la société parisienne, de cette image d'homme de la nature, que lui confrère son origine paysanne, et mettre en valeur une simplicité et une franchise qu'il n'a déjà plus tout à fait, mais assez cependant pour se livrer, sans réflexion, à un acte généreux de bienfaisance ou de courage (lorsque, sans savoir se servir d'une épée, il vole au secours d'un inconnu en péril, Jacob invente un acte qui est dans le droit fil à la fois de l'idée que se font les autres de la spontanéité rustique, et des héros quichottesques, empressés à donner réalité à leur mythe sans se soucier des moyens).

Dans le cas de Marianne et de Jacob, le récit à la première personne permettait de laisser deviner la distance intérieure qu'avait pu garder le personnage par rapport à sa « folie ». Par définition, un tel point de vue est impossible au théâtre. L'hypothèse d'un projet froid et cynique ne peut donc être absolument écartée. Mais elle reste peu vraisemblable. Dans les deux romans, l'efficacité des héros est justement liée à leur capacité de se livrer à leur instinct (au sens de Marivaux, l'instinct peut être retors...) et à ne pas élaborer de plan systématique, autrement dit à ignorer sereinement toute une part de ce qu'autour d'eux, on appelle réalité. D'autre part, dans les romans, la part de comédie peut être signalée par des personnages tiers (ainsi Marianne se trouve qualifiée d'aventurière...). Dans la pièce, nul ne vient dénoncer en Dorante un homme à projet, même si Mme Argante le traite de « fripon », sans préciser sa pensée.

Ce qui se produit pour Dorante est qu'il ne semble pas ressentir la réalité des inconvénients liés à sa situation sociale et financière, sauf lorsque cette situation représente un obstacle à sa passion pour Araminte. Ce qui laisse imaginer un personnage d'avant la ruine, indifférent aux perspectives d'enrichissement et d'élévation sociale. Apparemment, il n'a occupé aucune position rémunérée (« Vous allez donc faire ici votre apprentissage ! » s'exclame Mme Argante), et s'il a « travaillé aux affaires », ce ne peut être qu'en compagnie de son père (d'où la réplique comique de Marton à Mme Argante : « Monsieur entend les affaires ; il est fils d'un père extrêmement habile »). La réponse de Dorante à la mère qui lui demande d'où il sort, n'est pas moins intéressante : « De chez moi ». Manière de revendiquer sa condition d'homme libre. En fait, de ce passé, Dorante ne confie qu'un seul trait, en réponse à une question d'Araminte sur le portrait, occasion de discorde : « J'ai, par amusement, appris à peindre ; et je l'ai peinte moi-même ; je me serais privé de son portrait, si je n'avais pu l'avoir que par le secours d'un autre. » (II, 15). Avant même la naissance de l'amour pour Araminte, ce qui préoccupait Dorante était un « amusement ». Or on retrouvera ce portrait dans l'aveu final : « Il n'y a rien de vrai que ma passion qui est infinie, et que le portrait que j'ai fait. » (III, 12). (Alors que parmi les événements *vrais,* Dorante aurait pu mentionner son refus d'un beau mariage).

Il n'est pas question pour Dorante d'entrer dans la carrière de peintre. Il affiche seulement la pratique d'un divertissement d'honnête homme auquel, semble-t-il, ses déboires financiers ne l'ont pas fait renoncer. Il se trouve du même coup, qu'à perdre ainsi son temps, il donne corps à l'un des lieux communs les plus anciens et les plus répandus de l'univers romanesque : celui de l'amour peintre. Dans son indifférence aux activités utiles, le fils d'avocat se comporte en prince. On pourrait l'accuser de paresse : mais pour Marivaux, auteur d'une *Lettre sur la paresse,* il n'est pas évident qu'il s'agisse d'un vice. Il conviendrait alors plutôt de parler de loisir et de songer que ce loisir est l'un des caractères de l'existence noble (puisque le noble, s'il remplit des charges, est soustrait à l'obligation roturière du travail). Autrement dit, il échappe avant sa passion, et ensuite grâce à sa passion, à cette course aux honneurs et à l'argent qui est le lot des gens de sa catégorie sociale. C'est bien en quoi il peut fasciner Araminte, aux prises avec les exigences de la convenance sociale, et avec un prétendant qui, malgré sa noblesse et sa fortune, se révèle incapable de s'arracher à la plus commune des déterminations, celle de l'argent. Prétendant fort peu romanesque, alors qu'il a tous les moyens de l'être.

Ce qui caractérise Dorante est cette capacité d'échapper aux obligations intérieures qu'engendre le dynamisme social et à se choisir, malgré des circonstances défavorables, comme amoureux héros de roman. Mme Argante daube, au passage, sur l'impropriété romanesque de son langage : « Son sort ! Le sort d'un intendant ; que cela est beau ! ». Non sans pertinence. Accorder un « sort » à Dorante, c'est prendre au sérieux le personnage qu'il s'est donné. Ces questions de vocabulaire sont capitales : elles décident de la manière dont on envisagera la réalité. Dorante n'est pas don Quichotte. Mais il n'est pas indifférent qu'il accepte d'entrer dans des stratagèmes qui ont pour eux d'avoir été précédemment ennoblis par la fiction, et particulièrement le théâtre : le déguisement en intendant trouve sa caution chez le Valère de *l'Avare,* et la relation à Dubois reconstitue les couples maître-valet de l'*Étourdi* ou des *Fourberies de Scapin.* A ce titre l'aveu final est nécessaire : il importe qu'Araminte sache que jamais Dorante n'a voulu *vraiment* devenir intendant et qu'elle reconnaisse les manœuvres typiques employées par les amoureux, inscrites depuis longtemps dans la tradition.

On ne saurait dire que Dorante ignore l'enjeu financier de l'entreprise. Il le dit clairement à Dubois : « Il t'est venu dans l'esprit de faire ma fortune. » (I, 2). Ce que le personnage soutient, en revanche, est que cet enjeu est secondaire par rapport à l'enjeu amoureux, et il prouve du moins qu'il n'est pas principal, aux yeux d'Araminte, en refusant le riche parti proposé par Rémy. Preuve décisive ? Pas tout à fait, puisqu'Araminte est plus riche encore, et que l'amour pourrait aussi, en ce cas, jouer un rôle auxiliaire. Il est sûr, du moins, que cette action distingue nettement la position de Dorante de celle de Marton qui fait taire ses sentiments à l'égard d'Araminte dans l'espoir des mille écus du comte — « pour une si misérable somme », commente Dorante. On ne peut manquer de songer à ces « petits sentiments » permettant d'amasser quelque bien, qu'évoquait Lépine dans le *Legs.* La différence de Marton avec la Lisette du *Legs* réside cependant dans le fait que la « médiocrité de l'état » est subie par Lisette, alors que Marton, dont l'état est plus ambigu — entre amie et suivante — choisit la voie la plus médiocre, celle de l'intérêt financier. On voit le doute qui peut se dessiner à propos de Dorante qui semble, lui, choisir la voie la plus haute : il se trouve que la passion, dans tout son désintéressement, lui apporte aussi le plus grand profit, un enrichissement qu'il eût été déraisonnable d'espérer. L'a-t-il vraiment ignoré tout au long de l'histoire, ou n'a-t-il cessé de le savoir, par un instinct analogue à celui de Marianne qui lui aurait fait connaître, au-delà de tout calcul, où était son plus grand intérêt ?

Aux yeux d'Araminte, l'aveu final de toute la machination de Dubois sert à écarter cette dernière hypothèse : Dorante remet en jeu tout ce qu'il a pu gagner par ce coup ultime où il révèle sa propre duplicité. Et pourtant cette preuve extrême de sincérité se trouve être aussi un moyen d'assurer l'avenir, comme Araminte le déclare avec la plus grande netteté : « Si j'apprenais cela d'un autre que de vous, je vous haïrais sans doute ; mais l'aveu que vous m'en faites vous-même dans un moment comme celui-ci, change tout. Ce trait de sincérité me charme, me paraît incroyable... » (III, 13).

C'est à parier sur l'invraisemblable que Dorante gagne la partie.

Ce qui fait que cet invraisemblable n'entame pourtant pas la croyance en l'amour de Dorante, c'est évidemment Dubois. Dans la *Vie de Marianne,* Marivaux montrait bien comment l'héroïne en venait à renoncer, au moins partiellement, à cette précieuse faculté d'ignorer ce qui faisait une bonne partie de sa force, et à se refuser à la tentation de la franche scélératesse. Il est un moment où elle ne peut se dissimuler — car les autres le lui disent — que ses ménagements à l'égard du baron amoureux, par exemple, frôlent la prostitution... Dorante n'est pas sans dissimulation consciente : sur le conseil de Dubois, il entre dans le jeu de Rémy pour laisser croire à Marton qu'il pourrait l'épouser (il est vrai que l'acceptation très rapide de Marton peut être aussi bien en rapport avec la séduction de Dorante qu'avec la perspective de ce qui est pour elle un beau mariage). Il sait, d'autre part, dès la scène 16 de l'acte I, qu'Araminte a été informée de son amour et n'y est pas insensible : ce qui ne l'empêche pas de jouer, comme s'il l'ignorait, les deux grandes scènes 13 et 15 de l'acte II. En revanche, dans l'acte III, on peut admettre que la présence de tiers autorise cette dissimulation. Il n'en reste pas moins que cette présence permet à Dorante, à la scène 7, de contraindre Araminte à une réponse gênante, à ce qui serait presque une déclaration publique. Enfin nul ne saura si l'intendant exemplairement honnête, en conseillant de plaider contre le Comte, défend les intérêts d'Araminte ou ceux de son amour.

Mais l'ensemble de ces conduites, après coup, peut être mis sans trop de mal au compte de la passion, du fait surtout que les scènes en duo sont rares... La crédibilité de la souffrance éprouvée par l'amoureux reste à peu près entière. Il eût été beaucoup moins acceptable que l'amant éperdu se doublât d'un machiniste habile à ne rien perdre de ses effets, provoquant, de sang-froid, la souffrance d'Araminte. Heureusement, ce rôle de calculateur éventuellement cynique et dépourvu de sensibilité, que Marianne devait assumer elle-même, est tenu par Dubois, prompt à provoquer une entrée en scène, lorsqu'il sent venu l'instant de la « crise ». Dorante ne craindra pas d'insister sur ce point en évoquant « un domestique qui... m'a pour ainsi dire forcé de consentir à son stratagème. » Le « pour ainsi dire » n'est pas inutile : Dubois n'avait sur Dorante aucun moyen de contrainte, tout au plus peut-on considérer qu'il a abusé de sa faiblesse amoureuse... En prenant sur lui, de fait, la partie calculatrice et donc ignoble de l'entreprise, Dubois lui a aussi permis de souffrir effectivement et donc de jouer au mieux, avec sincérité, son rôle de héros de roman. Dorante a donc pu garder sa faculté d'ignorer, laisser agir son instinct en acceptant qu'un autre se préoccupe de tirer les ficelles et de les penser, jusqu'au moment où ce même instinct se retourne contre Dubois lui-même. Et à ce moment-là, c'est bien un instinct de maître.

Le spectateur et le lecteur sont-ils aussi convaincus qu'Araminte que Dorante est « le plus honnête homme du monde » ? Araminte veut le croire, et c'est sans doute l'essentiel pour le dénouement. Mais peut-elle tout à fait le croire ? Il y a ici une espèce de passage à la limite qui laisse quelque malaise. On serait tenté — et la proximité des grands romans de Marivaux y encourage — de se demander ce que serait le récit par Araminte, ou par Dorante, bien des années après, de leur aventure. Il semble que Marivaux ait voulu maintenir au théâtre cette zone d'incertitude qu'il avait su créer, avec d'autres moyens, dans l'univers romanesque. Tout jugement d'ordre moral en est plus ou moins découragé.

Deux conclusions semblent pouvoir être tirées de la forme singulière que prend la passion amoureuse dans les *Fausses Confidences*.

Tout d'abord le fait que l'amour est en rapport avec un *besoin de fiction,* du moins chez l'individu civilisé. Outre la beauté physique de Dorante, ce qui séduit Araminte est qu'il la fait entrer dans le domaine de l'« incroyable », dans un registre de sentiments et de situations qui relèvent du roman ou du théâtre et l'arrachent à ce qu'a de prévu son existence ordinaire (en ce qu'il a de trop prévu, le comte ne mérite pas qu'on lui sacrifie repos et tranquillité...). La situation est plus complexe pour Dorante : on peut se demander si l'entrée dans une passion d'avenir fort improbable ne lui est pas un moyen d'oublier ce qu'il y a de peu satisfaisant dans son existence sociale. Qu'il se fasse peintre n'est pas indifférent : c'est là un premier moyen de donner corps à l'imaginaire et les événements qui découlent du portrait semblent attester, après coup, de façon quasi symbolique, la pertinence de ce choix. Mais peut-on jouir d'une fiction et en être l'auteur ? Dorante délègue à Dubois cette dernière fonction, et tout le travail qu'elle suppose, dans cette œuvre d'art que constitue la séduction d'Araminte. Se limitant au rôle d'acteur sincère, Dorante se trouve entrer dans une aventure qui lui est, à lui-même, incroyable. Le besoin de fiction donc n'est pas symétrique chez Araminte et Dorante : il faudra un certain temps à Araminte pour qu'elle accepte son propre besoin d'extraordinaire, tandis que Dorante, dans le personnage de « timbré » qu'évoque Dubois, est aussitôt de plain-pied avec les héros de roman. S'il est banal de dire que la fortune d'Araminte lui confère un pouvoir, il l'est moins de constater que la capacité à se prendre pour un héros de roman en confère un autre. Or c'est bien ce qui se produit, lorsque Dorante se comporte en « prince infortuné ».

Il convient de rattacher cette dissymétrie à la différence d'origine et d'éducation des personnages. D'un côté, la réussite des financiers et l'inculture que laisse supposer le personnage de Mme Argante (on remarquera du reste l'absence de toute mention affective quant au père ou au mari défunt), de l'autre, le fils d'avocat (le bon rapport au père semble suggéré) plus porté peut-être vers les arts et les lettres — et ici il est difficile de ne pas penser à Marivaux lui-même. Dans ce cas, l'ascension de Dorante représenterait la revanche des « gens de lettres » sur les gens d'argent. La culture, grâce à l'amour, montrerait qu'elle est aussi agent du dynamisme social, dans la mesure où même les financiers ont besoin de fiction...

La seconde conclusion — en rapport avec les remarques précédentes — touche la question du rapport entre la passion amoureuse et l'animal social. On a vu à propos d'autres pièces à quel point les deux termes pouvaient être liés chez Marivaux. Tout l'effort de Dorante est de montrer à Araminte qu'il l'aime *malgré* sa position sociale et sa fortune, et l'on peut admettre, sans trop de mal, qu'il le croit. Mais, même si l'on écarte la version cynique de l'histoire, en est-il vraiment ainsi ? Dans le *Paysan parvenu,* en 1734, Marivaux avait montré que, dans le mouvement initial de sympathie qui porte Jacob vers Mlle Habert, il y avait bien prise en compte quasi instinctive de l'identité sociale du personnage. De ce qui signifiait immédiatement aussi bien son aisance et sa « bourgeoisie ». Plus précisément encore, Jacob analysait lui-même la manière dont la « qualité » d'une dévote aristocrate excitait son désir. Dans un cas comme dans l'autre, il ne s'agit pas de grande passion (de sentiment tendre et de sensualité dans le premier, d'amour libertin dans le second). Une question se pose : la vraie passion s'adresse-t-elle à la personne même, en tant que distincte des objets sociaux désirables dont elle porte les signes ? A cette question, en 1740 Marivaux consacrera la petite pièce en un acte de l'*Épreuve* : Lucidor, fils de négociant, jouissant de plus de cent mille livres de rente (il appartient donc à une catégorie proche de celle d'Araminte) aime une « simple bourgeoise de campagne », fille de la concierge de son château. Mais il veut s'assurer que c'est bien lui qu'elle aime et non sa fortune. D'où une série d'épreuves où il l'amène à refuser de riches prétendants. En résulte une impression de malaise : ce jeu cruel — possible seulement grâce à la fortune de Lucidor — ne semble relever que d'une assez basse peur d'être dupe, conduisant la naïve Angélique à d'inutiles souffrances. C'est un Lucidor riche — et qu'elle n'a jamais connu que comme tel — qu'elle accepte en définitive. Sans qu'Araminte se livre à une pareille enquête, l'intrigue ne lui administre pas moins, comme on l'a vu, les preuves du désintéressement de Dorante.

« Un jour que vous sortîtes de l'Opéra... Il vous vit descendre l'escalier » : la première vision de Dorante est bien celle d'une Araminte saisie dans le plein éclat de son existence sociale. Il y a du conte de fées dans ce début. Mais il y en a aussi pour Jacob, lorsqu'il se voit épouser une bourgeoise de Paris. L'animal social est-il si fou lorsqu'il choisit cet objet qui se trouve porter les signes de tout ce qui lui manque ? Que Dorante parvienne à écarter la conscience des avantages matériels liés à la possession d'Araminte, sans doute. Mais peut-il empêcher qu'Araminte soit aussi définie par son vêtement, son carrosse, et l'escalier de l'Opéra ? Dans la *Vie de Marianne,* l'héroïne, après avoir rêvé sur les belles personnes qui occupent les carrosses, trouvait moyen de se jeter sous les roues de l'un d'eux, où se trouvait, bien entendu, le jeune homme de bonne famille qui l'avait lorgnée quelques instants auparavant, dans l'église. Sans même recourir à la notion d'inconscient, on constatera, avec Marianne, que « notre âme sait bien ce qu'elle fait ». A voir la suite de la première vision d'Araminte, l'âme de Dorante ne le savait pas si mal. Aime-t-on une personne ? oui, sans doute, mais où commence et où s'arrête la personne ? Sur ce point, Marivaux ne semble pas décider, et surtout ne prétend pas analyser tout ce qui passe et se passe entre deux êtres, en ce premier instant. Peut-être dans le premier salut, si gracieux, que lui fait Dorante, Araminte perçoit-elle que là se trouve ce qui lui manque, et qu'elle est bien incapable d'analyser. Et c'est peut-être sur cette incapacité d'analyse que se maintient le mythe de l'amour. A s'y fier, les plus naïfs ne sont peut-être pas les plus fous.

4. *Indécence ?*

« Il y a de l'indécence au parti d'épouser son intendant, il est vrai que l'on suppose la dame plus riche que qualifiée », écrit d'Argenson. Indécence : manque au decorum, à la bienséance, au devoir. Le terme vise ici le franchissement de la frontière entre serviteurs et maîtres, avec cette circonstance atténuante que la « qualité » de naissance n'y est pas compromise (mais Araminte, avec le comte, y touchait de fort près).

L'emploi du mot (dont le sens sexuel est déjà nettement marqué au XVIIIe siècle) renvoie peut-être à une autre indécence moins aisément définissable. Car enfin il y a, dans cette pièce, de l'exhibition, et une exhibition assez douloureuse pour qu'on puisse penser, avec Jouvet, que la dignité humaine s'y trouve blessée. Qu'Araminte y acquière sa stature, sans doute ; elle n'en est pas moins, à bien des égards, une bête traquée.

Dès sa première rencontre avec Dorante, Araminte ne peut ignorer qu'il pourrait se produire en elle quelque chose du côté du désir ou de l'amour. On serait tenté de prononcer le nom de cette *sympathie,* dont Marivaux avait décrit les « effets surprenants », en rappelant le sens de l'époque, qui en fait une loi débordant largement le domaine sexuel. « Convenance ou conformité de qualités naturelles, d'humeurs ou tempéraments, qui font que deux choses s'aiment, se cherchent, et demeurent en repos ensemble. » (Furetière.) Que demande Araminte ? A rester en repos, à prendre son temps, car ce temps est déjà celui d'un certain bonheur. Son premier *a parte,* après la confidence de Dubois, le dit nettement : « La vérité est que voici une confidence dont je me serais bien passée moi-même. » Ce qui se brise ici n'est pas la tranquillité d'avant la rencontre, mais le premier et calme bonheur d'une sympathie qui n'avait pas besoin de dire son nom.

Or ce premier bonheur s'accorde avec la convenance sociale. Au nom de leur innocence, et avec la caution familiale, on pardonne aux jeunes filles à marier de ne pas distinguer amour et désir et de ne mettre que quelques heures à tomber dans les bras du futur désigné. Araminte a la trentaine et une expérience de femme mariée. A succomber en quelques heures, aux yeux de tous, y compris de l'homme qu'elle pourrait aimer, elle sera censée avoir cédé à un coup du désir. Le harcèlement de Dubois l'oblige à nommer avant terme, à défendre, avant toute épreuve, cet amour qui n'est pas formé, comme s'il était l'événement central de son existence. Araminte ne demande en somme que le temps de marivauder. Mais il n'y a pas de marivaudage dans les *Fausses Confidences,* parce que tout le temps d'Araminte passe précisément à tenter de gagner ce *temps* qu'on lui refuse, et parce que le projet de Dubois interdit que Dorante se présente jamais à elle en état de repos, à l'abri du drame. Elle souhaite donc que Dorante se déclare : d'où l'épreuve de la lettre au comte dans la scène 13 de l'acte II. A la scène 15 du même acte, le portrait tient lieu de déclaration. La proposition d'Araminte est alors claire : elle pardonne à Dorante et le garde. Comment mieux traduire décemment cette demande de temps et d'un espace à deux, fût-il clandestin ? Dubois en est conscient, qui s'indigne de se voir souffler son « emploi de confident ». (1, III). Dans un moment plus dramatique, la même proposition se renouvelle, après la lecture publique de la lettre d'embarquement : « Quoi ! cette lettre n'est pas d'une écriture contrefaite ? vous ne la niez point ? » Et Dorante refuse à nouveau de constituer ce qui pourrait être le domaine secret du couple, son lieu protégé, celui qu'avec quelque ruse, étaient parvenus à se ménager Jacob et Mlle Habert, dans le *Paysan parvenu,* celui de ce roman initial que le maître-valet fait avorter.

Faute d'avoir les commodités du roman et de pouvoir arguer des privilèges de l'amour-fou, Araminte en est réduite à ne pouvoir exprimer ce qu'elle éprouve que sous une forme qui passera pour être l'exhibition de son désir. L'indécence profonde est peut-être ici : non dans ce qu'Araminte manifeste effectivement de ce désir, mais dans ce cercle de regards qui guettent son surgissement, pour mieux s'assurer de la faiblesse féminine. En quoi un intendant de bonne mine, et même amoureux, serait-il périlleux si cette faiblesse n'était d'avance supposée? « Femme tentée et femme vaincue, c'est tout un » disait le Trivelin de l'*Arlequin.* C'est le credo de Dubois et, en somme, de tous les autres personnages, et ce credo règle le comportement de Dorante, qui préfère en appliquer le principe plutôt que de se risquer à traiter Araminte comme son semblable. Dorante participe donc comme les autres à cette traque que Dubois évoque en un langage qui est celui de la guerre et de la chasse (« Point de quartier. Il faut l'achever... » 1, III.) : la femme y est à la fois la bête et l'ennemi. Violence peut-être venue d'un univers patriarcal menacé par cette femme qui y occupe une position de pouvoir.

L'étonnant ici est que Dorante puisse continuer à ne pas entendre ce que, pour tout autre, signifie le langage codé d'Araminte (celui de ses mots comme celui de son corps, suggéré par les indications de scène) et à se comporter en fantoche dépourvu de parole propre. Tout se passe comme si le rôle que lui fait jouer Dubois, les discours qu'il lui met dans la bouche, le préservaient d'une périlleuse identification à la femme qui lui fait face, d'un risque de tomber dans le féminin. De ce rapport à deux, il ne peut entendre parler et il ne peut en parler lui-même qu'à travers un projet matrimonial qui le réinsère dans une institution sociale où les hommes ont le pouvoir (Marivaux est souvent revenu sur ce dernier point, dans la *Colonie* et surtout dans les pages éloquentes du *Cabinet du philosophe,* en 1734).

Cette surdité à toute autre chose qu'une déclaration *formelle,* cette incapacité à accéder à « l'intelligence mutuelle » et silencieuse qui fait le bonheur des amants, ne sont pas sans rapprocher Dorante de ce « bel imbécile » qu'était Arlequin, avant l'éveil de l'amour, dans *Arlequin poli par l'amour.* Non sans paradoxe, puisque Dorante, lui, est amoureux. L'ignorance de Dorante étant sincère (voir par exemple la scène 1 de l'acte III), serait-ce qu'ici l'Amour est aveugle ? Peut-être faut-il se souvenir alors qu'en cette affaire, Dorante tient aussi la place de la fée, qu'il est du côté de cette passion soudaine qui naît à voir l'objet aimé, sans qu'on en soit vu, à l'abri de tout échange ; que ces passionnés-là souhaitent sans doute que l'autre parle, mais à la condition expresse que cette parole soit exactement celle qu'ils attendent. On comprend l'intérêt, pour Dorante, du stratagème de Dubois : il lui permet d'envisager Araminte comme un *objet* prévisible, connu, et du même coup de préserver l'idée qu'il s'est faite de sa propre passion. Nul besoin pour Dorante de se modifier lui-même, puisque tout le système vise à exclure la parole vraie d'Araminte, à réduire au silence cette dangereuse altérité qui est aussi celle du féminin. Ainsi se trouvent épargnés le travail et le risque du marivaudage qui consistait précisément à envisager et à apprivoiser cette différence, quitte à accepter de changer soi-même. A travers la démarche paradoxale de la « grande passion » de Dorante, s'épanouissent tout à la fois la peur de la femme et l'amour de soi. Ce qui refuse de se vivre et de se parler est une différence des sexes, envisagée seulement à travers un discours social qui en fait, pour l'homme, un moyen de pouvoir.

Non que Dorante n'aime pas. Mais ce héros, qui porte les couleurs de la passion, non sans ostentation, fait tout ce qu'il faut pour que cette passion ne prenne pas la voie du « sentiment », au sens où l'entend l'époque, c'est-à-dire d'une relation fondée sur une progressive identification des deux partenaires. Au début de l'acte III, Dorante en est tenté. Il n'en infligera pas moins à Araminte « l'embarras de voir subitement éclater l'aventure. » On a dit, à propos des *Fausses Confidences,* que Marivaux s'y tournait vers la comédie de « sentiment », dont la mode commence alors. Il conviendrait d'ajouter qu'on y voit le sentiment étranglé par la passion, et la partie liée de cette dernière avec les instances de répression du rapport personnel, en tant, notamment, que ce rapport peut menacer les limites reconnues de l'identité sexuelle. (On se souviendra qu'une des épreuves inventées par Marivaux dans l'*Ile de la raison* était précisément l'inversion des rôles masculin et féminin dans la poursuite amoureuse.)

Devant l'acharnement de tous ces personnages qui mènent le même combat, lui refusent le temps qu'elle demande, et la réduisent à exhiber « indécemment » le sentiment sous la seule forme du désir, que peut faire Araminte, blessée en tant que femme, et *parce que* femme ? Elle choisit Dorante, c'est-à-dire, en une certaine mesure, le scandale. Peut-être parce que, *in extremis*, la scène 12 de l'acte III lui accorde — enfin — un court moment de marivaudage. Moment fort court, du reste : il faudra, aussitôt après son propre aveu, qu'Araminte apprenne que rien n'était vrai, que ce qu'elle a cru saisir de Dorante au cours des instants précédents était factice, et qu'inversement, donc, Dorante, pour s'être comporté ainsi, n'avait rien compris à ce qui se passait en elle. De l'un à l'autre, il n'y a pas eu épreuve. D'où peut-être la tournure quasi officielle des phrases par lesquelles Araminte persiste dans sa déclaration. Si elle peut le faire, c'est parce qu'elle s'est éprouvée elle-même et n'attend plus que le « bel imbécile » fasse un pas dans sa direction. Le plus sûr est de le faire taire : « Ne dites mot, et laissez-moi parler ».

Il y a des limites à toute résistance. Marivaux, pour Araminte, les a marquées très précisément dans la scène 8 de l'acte III. Araminte, ne se soucie plus d'être jugée. Elle parle dès lors le langage concis de l'action. Que ce soit pour donner chance au sentiment ou pour éliminer ceux qui l'ont persécutée, elle peut considérer que le mariage est l'abri le plus efficace.

Le mot même de mariage n'est pas prononcé. A la scène 13 de l'acte III, Araminte tout d'abord congédie poliment le Comte. Et c'est ce dernier qui en introduit l'idée : « Il vous a plu ; vous voulez lui faire sa fortune : voilà tout ce que vous alliez dire. » Araminte allait-elle dire *cela* ? Allait-elle plutôt user de son droit de ne rien dire ? S'il y a de la courtoisie dans la déclaration du Comte, il s'y trouve aussi une dernière tentative de prendre la parole *à la place* d'Araminte ; et aussi un rappel : avec le mariage, l'histoire qu'elle vient de vivre peut encore se raconter de façon acceptable, mais hors du mariage, elle la déshonore et l'exile de la société. Le Comte, en quelque sorte, passe la main à Dorante, mais c'est à charge de perpétuer la domination masculine, ou du moins sa figure institutionnelle. Ainsi la décence sera sauvegardée.

A l'horizon, se trouve peut-être la place du sentiment, et la fin de la grande peur de Dorante. Mais peut-être aussi la place de la ruse. En 1734, Marivaux faisait dire aux femmes : « Ne sommes-nous pas vos prisonnières ; et n'êtes-vous pas nos geôliers ? Dans cet état, que nous reste-t-il que la ruse ? » La fin de la pièce, dans la mesure même où elle imite, à la frontière de la parodie, sans qu'on puisse tout à fait y croire, le dénouement « théâtral » traditionnel, laisse beaucoup à penser (que l'on songe aussi à l'annonce des enfants par Arlequin, écho curieusement déplacé du conte de fées). La pièce est finie, mais non le roman dans lequel elle est prise. Ainsi d'Araminte, dont le personnage déborde, on ne sait de quelle manière, le rôle que cette fin lui assigne et qu'elle assume volontairement. Dans ce que ce déplacement laisse voir, entrevoir, imaginer, sans le dire (ruse « féminine » de l'auteur ?), gît aussi l'*indécence* de la pièce. Au spectateur, au lecteur de n'être pas aveugle et sourd, comme un autre Dorante. Il pourra toujours se dire, au demeurant, qu'« après tout », tout finit bien...

B. VESTIGES ET FANTASMES DE L'ANCIEN RÉGIME

1. L'aristocrate éclipsé

Seul de son espèce dans cet univers roturier dont il sera en définitive éliminé, le personnage du Comte mérite plus qu'une mention. Il sert de repoussoir à Dorante, mais ce repoussoir aurait pu prendre des formes très diverses. Or comme on l'a vu, sa haute naissance, plus encore que sa richesse font de lui, pour Araminte en tant que personne sociale, une espèce d'horizon idéal, le lieu où l'ascension de cette dernière trouverait son accomplissement, par l'entrée dans la caste la plus ancienne de cette société.

Le Comte a en somme tout pour lui, (encore que l'on ne sache rien de son apparence physique) et même cet « avenir » qu'évoque, de façon vague, Mme Argante. Il devrait en quelque sorte agir spontanément en prince. Il n'en est que plus curieux de constater à quel point il s'en révèle incapable. Car même si Araminte n'a pas de naissance, son rang dans le monde et sa fortune en font tout autre chose qu'une bergère.

Or le Comte est, pour le spectateur, dès l'abord défini dans un rapport à l'argent : poussé au mariage par le souci d'éviter le risque et les frais d'un procès (il le désire, mais sans passion, et n'attend pas d'Araminte une passion en retour), il est aussi le corrupteur de Marton, et se prépare à être aussi celui de l'intendant. Lorsque cette dernière lui vante le désintéressement de Dorante, il commente sèchement : « Tant pis ! ces gens-là ne sont bons à rien. » Point de vue cynique propre à son groupe social, qu'il n'applique pas explicitement à Araminte. Mais il semble admettre qu'elle l'épousera pour éviter les « embarras d'un procès » (qui suppose d'importantes retombées financières), ce qui reflète peut-être, sa propre position. Il y a chez le Comte, non pas une rapacité marquée, mais bien une croyance au pouvoir de l'argent, à sa vertu déterminante. Il traite de son mariage avec Araminte comme d'une affaire, et n'a donc aucun scrupule à soudoyer ses serviteurs et à placer chez elle des gens qui lui appartiennent. Étant honnête homme, il s'abstient des injures que distribue si généreusement Mme Argante, mais n'hésite pas à s'appuyer sur elle, lorsqu'il le croit nécessaire. A la scène 2 de l'acte II, après avoir apprécié, « d'un ton railleur », le « bon goût » de l'homme d'affaires, le Comte, tenté peut-être par une parole vraie, avoue son hostilité à Dorante (qu'il attribue à une « pure tendresse ») et semble prendre le risque d'un acte généreux : « ... Je déclare que je renonce à tout procès avec vous. » Mais la réplique suivante gâche ce beau mouvement : « Je garde le silence sur Dorante... si vous le congédiez, comme je le présume. » Le marché est à peine déguisé.

Quel rapport entre ce personnage et les divers aristocrates représentés dans le théâtre de Marivaux ?

On laissera de côté ici ces représentations indirectes que peuvent être les fées, les princes ou les princesses, personnages à vocation politique, pour n'évoquer que celles où le nom du personnage marque sa qualité. Certaines pièces se passent en milieu purement aristocratique, comme les deux *Surprises.*

Ce peuvent être des pièces du « pur amour », ou de l'amour supposé tel, à entendre par là que la détermination économique ou familiale y joue un faible rôle. L'absence de l'instance paternelle y est un trait pertinent. Les personnages sont le plus souvent des adultes, préoccupés de leur résistance intérieure à l'amour, mais dont aimer constitue apparemment l'occupation essentielle. Cette situation ne favorise pas l'intensité de la passion. Il est souvent question d'infidélité, que du reste les personnages ne prennent pas nécessairement au tragique : l'amour est un jeu qui fait partie de la vie mondaine, et l'on a alors le schéma traditionnel de la partie carrée, où les couples échangent, le temps de la pièce, leurs partenaires. (Par exemple, dans les *Sincères* ou dans l'*Heureux Stratagème.)* On y frôle parfois le libertinage : sans être une Merteuil, la marquise de l'*Heureux Stratagème* joue avec habileté des sentiments des uns et des autres.

L'univers aristocratique présente d'autre part une belle série de rapaces : le coureur de dots cynique de la *Fausse Suivante* (avec l'affaire du « dédit »), les deux nobliaux de *l'Héritier de village,* qui se jettent sur les enfants d'un paysan soudain enrichi, le chevalier du *Legs* à propos duquel la comtesse s'exclame : « Quelle avarice sordide ! Quel cœur sans sentiment ! » Or le marquis du *Legs*, lui, n'est ni un scélérat, ni un libertin : mais ce timide, qui n'ose parler de son amour à la comtesse, est tout prêt à épouser Hortense pour ne pas avoir à perdre deux cent mille francs provenant d'un héritage — curieuse conjonction de la peur d'aimer et du souci de ses intérêts...

Ces traits ne signifient pas que la noblesse est ruinée dans son ensemble, mais indiquent la nature de la réponse que l'aristocrate peut donner face au risque de pauvreté : pour sa fortune, l'aristocrate dépend étroitement de l'héritage ou du mariage (et parfois du jeu : voir la *Joie imprévue,* où un chevalier joueur ruine et corrompt un jeune bourgeois).

On comprend que, dans ces conditions, le code du sentiment soit moins généralement admis en milieu aristocratique qu'en milieu bourgeois, et que se développe une hantise de perdre qui peut se traduire par la cupidité, mais aussi par ce qu'il faudrait appeler une avarice amoureuse. Étant admis qu'une demande bourgeoise existe encore pour l'union avec les personnes de naissance, ces dernières peuvent tendre à traiter de leur nom et de leur personne comme d'une espèce de capital à ne pas gâcher. A ce titre, les aristocrates sont loin d'être des princes.

Dans quelle mesure cette réserve collective à l'égard de l'amour, caractéristique de la partie aisée et parisienne de la noblesse, tend-elle à s'imposer en code de la bonne société ? Dans ses dernières pièces, Marivaux semble s'être attaché à montrer l'incapacité des puissants à être généreux. Le Lucidor de *l'Épreuve* ne risque pas son immense fortune dans un mariage sans vérifier le désintéressement de la future...

Que cette situation de l'aristocrate soit peu propice aux illusions de l'amour-passion est assez évident. Souvent, une espèce de tristesse surgit, à mesurer combien on est loin du mythe de la passion, à mesurer le peu d'intensité de ce que l'on vit.

Dans les *Fausses Confidences,* Marivaux a donné un rôle relativement discret au Comte qui, mis à part son observation à M. Rémy, assiste sans guère y participer aux scènes animées qui accompagnent la découverte du portrait à l'acte II. Il lit la fameuse lettre « d'embarquement » et se retire devant le trouble évident d'Araminte. A l'acte III, il énoncera clairement et brièvement le triomphe de Dorante, en épargnant à Araminte la gêne d'avoir à le faire. Puis il déclare qu'il tiendra sa parole, en ne plaidant point : « tristement », précise la didascalie. Le terme est à retenir, tout comme celui de « généreux » employé aussitôt après, à ce sujet, par Araminte. Générosité tardive sans doute, mais cette fois indéniablement désintéressée, où le Comte semble enfin prendre conscience qu'il était question de sentiment pour lui comme pour les autres. Bien entendu, cela donne à sa sortie quelque style, mais cela prouve aussi qu'il attache alors de l'importance à l'image qu'Araminte se fait de lui, et que, d'une certaine manière, il participe à ce qui est chez elle folle générosité à l'égard de

Dorante. Hommage à l'amour de ce personnage riche et puissant, qui s'aperçoit qu'à se conduire selon les habitudes de son groupe social, il est plus ou moins un exilé de l'amour. C'est du côté de ces bourgeois — qui le resteront — que se trouvent les bonheurs du sentiment.

2. *Arlequin - Marton, ou le leurre de la féodalité*

Les deux personnages ne font pas couple et l'inégalité entre eux est même marquée. Mais ils ont en commun de constituer la maison d'Araminte avant l'arrivée de Dorante et de Dubois. Le projet matrimonial de ces derniers interdit bien entendu toute relation de confiance avec Araminte. Arlequin et Marton en revanche sont situés à l'écart de la relation passionnelle qui unit les trois personnages centraux. L'action va mettre à l'épreuve, à travers eux, la tentation propre à Araminte, celle de fonder sur le sentiment un ordre analogue à celui de la féodalité.

Le problème apparaît moins d'abord dans la conduite d'Arlequin que dans les propos qu'il tient. Marivaux avait utilisé abondamment en 1724 cette naïveté d'Arlequin, dans la *Double Inconstance,* pour faire de lui le porte-parole d'une philosophie « naturelle » et d'une critique sociale, à tendance cynique. Philosophie et critique dont la portée était aussitôt limitée, d'ailleurs, par l'incapacité du personnage à en appliquer les principes à son expérience personnelle. S'amorce une déchéance d'Arlequin qui conduit au personnage des *Fausses Confidences;* celui-ci n'est plus capable de faire penser le spectateur que par sa bêtise. Se présentant à la scène 1 de l'acte I comme le bon serviteur appliquant, avec un scrupule voyant, les consignes d'« honnêteté » de madame, Arlequin s'indigne à la scène 8 d'être « donné » par elle à Dorante. Le terme est repris maintes fois au cours de la pièce, où se distingue nettement la catégorie des *donateurs* de celle des *donnés* : on donne un intendant, un valet, un époux. Lorsque n'est pas mis en jeu une autorité de type familial (comme celle de M. Rémy assumant le rôle d'un père absent), le terme tend à assimiler le donné à un objet.

Ce n'est pas ce dont se plaint Arlequin. Dans le fait de passer au service de Dorante, il voit un blâme de la part d'Araminte, à la personne de qui il ne sera plus attaché. On voit surgir ici une conception archaïque du service, relation de personne à personne, non transférable et ne pouvant pas faire l'objet d'un commerce. Relation « noble » en quelque sorte, et qu'Arlequin tente en somme de répéter avec Dorante, en demandant à celui-ci un don personnel qui fasse de lui vraiment son maître. Dorante se prête au jeu, dont la suite montre qu'il a son efficace : Arlequin soutiendra l'honneur de ce nouveau maître, dans l'affaire du tableau, et pleurera à chaudes larmes sur le sort de Dorante à l'acte III. Il y a cependant une forte ambivalence dans la manière dont est provoquée à la scène 9 de l'acte I, l'« action de maître » de Dorante. Si Dorante paie, c'est aussi pour faire cesser les comparaisons impertinentes d'Arlequin entre le valet « qui sert » et celui qui « est servi par ordre », et l'insistance, évidemment malveillante de ce dernier, sur la communauté de condition entre lui-même et la personne qu'il recevait, un instant auparavant, avec tant d'égards (alors que la distance reste marquée par l'emploi asymétrique du *tu* et du *vous*). Il y a donc là aussi une entreprise de profit pur et simple, Arlequin soulignant d'ailleurs qu'il attend « le reste » de ce don-là... Quant à sa vision des choses, elle n'a pas changé, puisque dans l'« a parte » final, il qualifie Dorante de « gracieux camarade ». Que l'obligation créée par Dorante ne soit pas intériorisée, l'interception de la lettre d'embarquement le montrera bien : trop heureux qu'un autre « galope » à sa place, il livre la lettre à Marton, non sans lui recommander de n'en rien dire à Dorante.

Que valent dans ces conditions les bons sentiments d'Arlequin ? On ne peut manquer de songer ici à ce que dit Marivaux dans la première *Lettre sur les habitants de Paris* quand il définit l'âme du peuple « comme une espèce de machine incapable de sentir et de penser par elle-même, et comme esclave de tous les objets qui la frappent ». Peuple avide d'émotions fortes pour remplir son vide intérieur, prêt à jouer tous les rôles du sentiment, mais incapable de continuité intérieure. La Mme Dutour de la *Vie de Marianne* et sa querelle avec le cocher permettront de présenter d'autres exemples de cette « âme mécanique ». Tel est bien Arlequin assumant de bonne foi les rôles qu'on lui présente, mais incapable d'inventer une réponse personnelle à aucune situation, et ne perdant pas de vue son intérêt le plus immédiat. Ce n'est donc qu'illusoirement qu'il peut incarner un moment l'archaïque « fidélité à la personne ». Car ce qui définit cette personne — le maître — est en définitive le fait qu'il paie. Incapable de concevoir que Dorante puisse représenter Araminte, c'est-à-dire d'imaginer une économie « moderne » du service, Arlequin n'en est pas moins soumis aux impératifs de cette même économie, et ceci d'autant mieux qu'il n'en sait rien.

Marton y est soumise, mais d'une autre manière. Araminte a tenté ici d'induire une relation personnelle, qui déborde le cadre du contrat entre maîtresse et suivante. Non sans motif : Marton peut apparaître, aussi bien que Dorante, comme le membre malchanceux d'une caste imaginaire qui serait la bourgeoisie de finances. Elle n'est pas une « professionnelle » du service et peut espérer en sortir grâce à l'héritage d'une « parente asthmatique ». Elle n'est pas aux prises avec la nécessité et peut donc choisir sa voie, dans une certaine mesure. Capable d'apprécier le désintéressement de Dorante, (c'est une qualité d'honnête homme), elle n'en trahit pas moins la relation de confiance que suppose la générosité d'Araminte à son égard. Les mille écus du Comte y suffisent et elle n'a pas la naïveté nécessaire pour que soit croyable le « je n'y entends point finesse ». C'est sur le même code d'acquisition intéressée qu'elle accepte Dorante. Sans doute, la proposition de M. Rémy est-elle raisonnable à toutes sortes d'égards, et la beauté de Dorante fait-elle, une fois de plus, son effet. Tout cela constitue, en quelque sorte, la valeur marchande du faux intendant, et c'est à cela seulement que Marton prête attention, sans se préoccuper d'établir avec lui une relation personnelle. A un niveau plus complexe que chez Arlequin, on retrouve le même mouvement qui consiste à se conformer à l'image que les autres lui désignent comme sienne — ce qui se traduit par l'immédiateté de sa décision, sans souci de la contradiction éventuelle entre diverses images (Dorante pourrait-il aimer cette suivante intéressée ?) Curieusement, se trouve indiqué un rapport sensuel à l'argent : « Méditez sur cette somme, vous la goûterez aussi bien que moi » (II, 11).

Marton, comme les autres, est dupée par Dubois. Mais c'est aussi parce qu'elle n'abandonne pas sa conduite de dissimulation à l'égard d'Araminte, à qui, pour commencer, elle ne dit rien de son engagement avec Dorante. Une fois désabusée par l'aventure du portrait et soupçonnant que Dorante aime Araminte, elle n'en fait pas moins, dans un style très « officiel », une demande en mariage lourde de conséquences pour Araminte. Puis elle contribue à faire éclater le scandale en interceptant la lettre d'embarquement. Il faudra attendre la scène 10 de l'acte III pour qu'enfin le sentiment se fasse jour et que, sur le point de tout perdre, y compris sa place, Marton encourage Araminte à aimer Dorante, et lui redemande une amitié assez oubliée tout le long de la pièce. Amitié accordée, du reste, et scène attendrissante : « Tu pleures et tu m'attendris — N'y prenez point garde. Rien ne m'est plus cher que vous. » Nulle raison de soupçonner la sincérité de Marton. Mais la scène survient avec un temps de retard, et Marton, à cet endroit, ne fait guère que voler au secours de la victoire.

Il reste que, mis à l'épreuve de l'événement, le lien pseudo-féodal institué entre Marton et Araminte n'a pas résisté. Tout au long de l'intrigue, ce qui a manqué à Araminte est cette relation de « parole vraie », de vraie confidence qui s'épanouissait avec tant de facilité dans les pièces antérieures, du type de la *Surprise*. Plus proche de sa maîtresse, Marton manque de ce qui faisait la « qualité » de la professionnelle soubrette de comédie...

A se passer de la caution économique et du code aristocratique, la relation féodale, avec Dubois, débouchait sur une passion, dont on a vu les risques pour l'univers des honnêtes gens. Arlequin et Marton complètent le tableau lorsque cette relation tente de se revivre, au nom du sentiment. Dans l'espace domestique — avec caution économique, elle ne donne lieu qu'à une sotte et inefficace imitation, (même si elle n'est pas agressive, la bêtise d'Arlequin expose son maître) ou à une comédie plus consciente conduisant à la trahison. Dans ces conditions, autant, avec ceux qu'on paie, maintenir ses distances.

3. Noblesse : le mot et la chose

Le terme même renvoie au moins à deux significations : il désigne ceux qui, de naissance ou par décision royale, sont réputés appartenir à la caste aristocratique, et donc à un ensemble social, mais aussi des qualités, le plus souvent morales, appliquées à toute espèce de personnes ou d'objets. De ceci à cela, il y a rapport : les qualités en question sont supposées typiques des individus du groupe social privilégié.

Cette situation ne pose pas de problème tant qu'on ne fait pas reposer l'existence du groupe sur la possession effective de qualités typiques, tant qu'on ne questionne pas la raison du privilège. Dans la mesure où l'on reconnaît que les divers clivages sociaux sont inscrits dans la volonté divine, c'est-à-dire une intention dont on ne peut sonder les raisons, il n'y a pas lieu de se poser la question de la supériorité aristocratique. Elle se pose en revanche lorsque l'origine divine n'est plus évidente, et que le groupe social privilégié tend à perdre les fonctions et le pouvoir qu'il détenait traditionnellement. Au XVIIe siècle, la caste aristocratique a dû abandonner une partie de sa prééminence, en matière de fortune terrienne : elle a vu s'élever la concurrence, sur ce terrain, de roturiers, et surtout de façon plus brutale, lui être refusé son droit traditionnel à exercer au moins une partie du pouvoir politique. Que cette chute ait été ressentie comme faute par les intéressés eux-mêmes tout comme par d'autres est à souligner : la critique de l'aristocratie est pour partie une autocritique qui montre, dans les mémoires, par exemple, l'incapacité des individus nobles à respecter l'éthique qui leur était propre. L'emploi de la guerre continue à distinguer le noble : mais il a perdu de son prestige, parce qu'on sait que la guerre est affaire de finances plus que d'héroïsme personnel, et parce que l'on dénonce d'autre part son caractère de boucherie inutile. La fin du XVIIe siècle offre de bons exemples de ce point de vue, qui met en question la contradiction entre les impératifs du code aristocratique et ceux de la morale générale. L'Arlequin de la *Double Inconstance,* quand on lui offre des lettres de noblesse, se lance dans une analyse de ce type, et de plus montre la contradiction interne existant entre l'exigence de générosité et l'obligation de venger par un duel l'offense reçue. On sait comment les philosophes développeront leurs attaques contre le préjugé de naissance, et l'inutilité sociale d'une partie de ce groupe, confiné dans une vie mondaine et voué à la pure consommation (l'image du libertin dans les romans est une des figures typiques de l'aristocrate). Dans la mesure où elle remplit des fonctions juridiques et politiques, la noblesse de robe est plus épargnée.

On aurait tort de penser que la position des groupes bourgeois fût d'abolir purement et simplement une démarcation sociale inscrite dans le passé de la société et menacée de devenir pure apparence.

La vieille ambition du bourgeois était de se faire gentilhomme, et la noblesse parlementaire a permis en partie cette transformation, étant admis qu'au XVIIIe siècle, cette caste tend à se fermer sur elle-même.

Le désir des groupes bourgeois n'est pas tant d'abolir l'aristocratie que d'occuper sa place. Or la fortune à elle seule ne saurait constituer un critère d'élection, puisque comme le constate Araminte, la posséder ne prouve pas qu'on la mérite. L'enrichissement des financiers avait montré que l'homme du peuple, dans certains cas, pouvait accéder à la grande fortune. Ce qui s'envisage est déjà une fermeture aux éléments extérieurs, appuyée sur des critères moraux et culturels, permettant de juger les individus. Pour une bonne part, c'est l'ensemble bourgeois qui invente un contenu idéologique à la notion de noblesse.

On supposera donc qu'en son fondement, l'institution aristocratique traduit bien une inégalité du mérite naturel. Mais il s'est produit un écart entre les mots et les choses : des êtres dits nobles ne méritent pas de l'être, et inversement des non-nobles méritent ce titre. On voit sans peine le rôle que peut jouer le sens psychologique et moral du terme noblesse dans cette théorie de l'inégalité naturelle, qui trouve notamment à s'illustrer du côté de ces non essentiellement fortunés, que sont les artistes et les savants, marqués par le *génie.* Dès que la noblesse peut être conçue comme qualité définissable, il devient possible à chacun de la posséder, et de le prouver, étant admis qu'il s'agit d'une possession naturelle qui ne s'achète pas.

On comprend que dans la symbiose bourgeoisie-aristocratie que vit le XVIIIe siècle, une telle théorie est acceptable par les aristocrates, qu'elle confirme dans l'idée d'incarner, malgré toutes déchéances contingentes, un principe d'ordre dans l'ensemble de la société. Elle permet aussi à l'individu bourgeois de se penser comme essentiellement différent du peuple, et d'annoncer en quelque sorte cette différence par l'appartenance à une « bonne famille » ou l'exhibition de signes de culture. Que Dorante soit fils d'avocat ne prouve pas sa qualité, mais la rend probable. Le système, en bonne logique, se complète par une théorie de l'hérédité génétique qui ferait passer de père en fils les vices et les vertus — et c'est bien l'époque où s'élabore l'idéologie de l'hérédité. On en trouvera une trace comique dans les *Fausses Confidences,* au moment où Marton assure la capacité de Dorante, « fils d'un père extrêmement habile »... La question se trouve posée d'une autre manière dans la *Vie de Marianne :* l'héroïne suppose que ses délicatesses sont « dans son sang » et elle fera de cette conviction le tremplin de sa réussite, sans qu'on sache jamais si son titre de comtesse, en définitive, lui vient de naissance ou de mariage. Qu'importe après tout que cette noblesse prétendue soit innée ou non, si elle permet de signifier ce qui sépare Marianne de la lingère et du cocher de fiacre ? Le tout est qu'elle y croie, aussi bien que les gens qui l'entourent. Comme Dieu chez Voltaire, si elle n'existait pas, cette noblesse, il faudrait l'inventer.

Dorante « homme de quelque chose » n'a pas le « beau nom », mais il a la chose. Que le repérage de cette chose soit hautement problématique, Marivaux, ici comme dans la *Vie de Marianne,* n'en laisse rien ignorer. Le choix opéré par Araminte signifie surtout que l'individu bourgeois peut se passer désormais du titre de noblesse et que d'autres signes peuvent témoigner de son honorabilité, de son droit à une noblesse dans une société qui serait juste. Peut-être les choses auraient-elles pu se passer différemment si le Comte s'était montré susceptible d'une autorité en noblesse réelle, autrement dit s'il avait donné quelque contenu à ce que supposait son beau nom. Mais il n'en est rien : le Comte se comporte en petit bourgeois...

Ce qui constitue cette « qualité » nouvelle, ce n'est pas bien entendu le modèle des aristocrates existants, et non pas même leur code traditionnel. Le terme de « générosité », si exactement applicable à Araminte, ne s'oriente pas du côté de l'héroïque, mais plutôt du côté de la compassion. Si cette « qualité » nouvelle intègre discrètement certains éléments de tradition bourgeoise (la probité, par exemple), elle se construit surtout, dans les *Fausses Confidences,* sur le *négatif* de vertus ou de défauts reconnus traditionnels à la bourgeoisie : la superbe indifférence de Dorante à l'égard de la fortune et la totale imprudence d'Araminte ici se font pendant. On ne sait trop quel code pourrait justifier de telles attitudes. Ce qui est sûr est que l'un et l'autre inventent une manière de manifester leur qualité, et l'essentiel est peut-être que ce soit sur le mode de la différence. C'est bien en quoi cette qualité reste typiquement bourgeoise, ou, si l'on veut, moderne.

C. DES CASTES A LA FAMILLE

1. La mère aux prises avec le passé

Mme Argante est présente dans neuf scènes de la pièce et elle y prend abondamment la parole. L'étendue de ce rôle ne semble pas tout d'abord correspondre à l'importance de sa fonction dramatique. Dans la scène 10 de l'acte I, elle a pris avec Dorante un ton d'autorité qui ne lui en impose pas. Mais, dès la scène 12, Araminte rassure Dorante, en lui rappelant qu'elle est seule à tenir cette autorité. « Adjuvant » du Comte, Mme Argante défend sa cause comme s'il s'agissait de la sienne, dans l'espoir de se voir un jour mère de la comtesse Dorimont. On a vu ce que Mme Argante pouvait représenter pour Araminte, et les indices qu'elle fournit sur le passé de l'héroïne. Qu'il s'agisse d'une mère n'est pas ici à négliger.

Il semble qu'avec ce personnage — dite aussitôt « femme brusque et vaine » — et quelques autres, ailleurs, — Marivaux règle un compte. La mère, on le sait, dans le théâtre de Molière, n'apparaîssait guère que sous la forme atténuée, sympathique *(Tartuffe)* ou odieuse *(Malade imaginaire)* de la belle-mère. Chez Marivaux, elle est amenée au contraire à se substituer au père en tant qu'agent matrimonial. Mais c'est pour prendre sur elle les traits les plus déplaisants qui caractérisaient chez Molière les pères ou les tuteurs abusifs. Autant le père ou l'oncle donnent chez Marivaux des exemples de tolérance, de bienveillance, — lors même qu'ils menacent d'user de contrainte, — et de sens du sacrifice, quand ce n'est d'affectueuse divination, autant la mère, dès son apparition, dans l'*École des mères* (le titre est suggestif) incarne sans ambiguïté la figure de la tyrannie. Mme Argante, cet Arnolphe femelle, est persuadée qu'elle constitue l'unique intérêt de sa fille : « Elle n'aime pas le monde, et je suis sûre qu'elle ne me quitterait jamais, si je l'en laissais la maîtresse. » Car sa fille est tout entière son œuvre (« Oui, grâce à mes soins, je vous vois telle que j'ai toujours souhaité que vous fussiez. ») et doit à tout moment rendre témoignage qu'elle est satisfaite de l'être. Et de lui prêcher un évangile de soumission au mari qui n'a rien à envier aux fameux quatrains de l'*École des femmes*. On serait tenté de penser qu'elle se fait le héraut d'un esclavage qu'elle a elle-même subi et qu'elle tient à honneur de perpétuer, dès le moment où la disparition du père lui a donné le pouvoir. Ce que le mariage choisi par la mère doit aussi perpétuer est la soumission de la fille à la mère. Cette Mme Argante est déjà fascinée par les avantages sociaux et financiers, et c'est pourquoi elle élit l'homme vieux, riche et amoureux susceptible de les procurer les plus grands possibles à sa fille.

Les résultats sont prévisibles : Angélique révoltée se confie à sa suivante, commet les imprudences attendues de son inexpérience, et n'est sauvée que parce que son prétendant Damis se trouve être le père du jeune Eraste qu'elle aime et auquel il se sacrifie généreusement.

Tyrannie, cupidité, moralisme, volonté de puissance se retrouvent à des degrés divers chez toutes les mères de Marivaux dans le rapport à leurs filles *(Épreuve, Acteurs de bonne foi, Joie imprévue)*. Une exception apparente : la mère tolérante qui figure dans la *Mère confidente* de 1735. Cette Mme Argante ne prétend pas user d'autorité, et veut même laisser de côté son rôle de mère pour devenir la « confidente » de sa fille. Cette dernière en vient à lui avouer son amour (clandestin) pour Dorante, et même un projet d'enlèvement. Fidèle à sa ligne de conduite, Mme Argante, déguisée, fait renoncer Dorante lui-même à ce projet au nom des grandes valeurs morales, gloire, vertu, réputation, etc. L'amour maternel, avec toute sa sincérité, n'en est pas moins un piège, qu'Angélique analyse ingénument, dès les premières scènes : « Mais si elle fait si bien que ce qui lui plaît me plaise aussi, n'est-ce pas comme si je faisais toujours mes volontés ? » Dans ce « comme si » tient toute la différence. Déterminée, comme d'autres, par la fortune et peu soucieuse des intérêts propres de l'amour (« Eh ! que perdras-tu dans un individu qui n'a rien ? »), ne dédaignant pas d'user, à l'occasion, de chantage sentimental, Mme Argante est redoutable en ce qu'elle prétend agir, non pas au nom d'une loi, mais bien d'une affection et de sentiments réellement existants. C'est de l'intérieur qu'elle menace l'amour du jeune couple (et parfois par le biais de la calomnie). Aussi bien Dorante en vient-il à dire son horreur à l'idée de détruire une « aussi belle, vertueuse union » que celle de la mère et de la fille. Devant une telle déclaration d'amour, qui, de fait, lui est adressée, Mme Argante peut alors consentir au mariage qu'elle refusait d'abord. Mais ce n'est pas sans avoir pris entre Angélique et Dorante une place qui ne laisse pas intacte leur relation. La décision sera contresignée par le rival malheureux, qui se trouvera être l'oncle riche du jeune amoureux, généreusement prêt à lui assurer sa fortune. Dans cette affaire, la seule victime est en définitive Lisette, qui a soutenu Dorante, bel exemple pourtant de serviteur désintéressé, mais dont la mère exige, *in fine*, que l'on se « débarrasse ».

La Mme Argante des *Fausses Confidences* n'a certes ni la complexité ni la séduction de celle de la *Mère confidente*. Mais l'un des personnages éclaire l'autre. La mère d'Araminte tend aussi à incarner, sous une forme plus brutale, le respect de la convention sociale ; et de manière infiniment moins habile, entend parler pour sa fille, lui faire porter ses propres désirs, au nom d'une fusion dont la *Mère confi-*

dente a bien montré les dangers. Dans la discussion entre le Comte et M. Rémy, il s'agira bien de savoir si Mme Argante est ou n'est pas « une étrangère » dans l'affaire qui concerne Dorante.

La famille, on l'a vu, n'est pas lieu de contrainte, chez Marivaux, comme elle l'est souvent chez Molière, et, à comparer les univers « adultes » aux familiaux, on constate qu'elle est assez favorable à l'éclosion du grand amour, dans la mesure même où elle protège les amoureux aussi bien du jeu mondain que des soucis financiers. L'autorité paternelle se trouve souvent coïncider avec le désir du sujet amoureux qui pourtant n'y reconnaît que le plus miraculeux, le plus merveilleux des hasards (que l'on pense en *Jeu,* bien entendu). Une seule mère a droit à cette heureuse rencontre : celle de Rosimond, dans le *Petit maître corrigé,* mais c'est dans un rapport au fils, et non à la fille. Dans la mesure où l'univers familial — surtout bourgeois — procure un certain bonheur, il encourage chez le personnage appelé à aimer, une tendance plutôt centripète : le rôle du père consistera à permettre à la tendance centrifuge de s'exprimer aussi. Inévitablement, il faudra pourtant que le sujet amoureux retrouve un peu, du côté de l'amour, ce que lui fournissait la famille.

Autrement dit, il y a bien intersection entre la sphère du sentiment amoureux et celle de l'affection familiale. Chez les personnages paternels, cela ne se traduit nullement par le désir de possession indirecte, à composante incestueuse, qui se manifeste si nettement chez Molière. C'est sans doute d'avoir été et d'être encore sujet de désir qui permet au père de deviner si magiquement le désir futur de sa progéniture, mais il ne représente la loi, discrètement, que pour mieux permettre à ce désir de s'épanouir. Dans tous les cas où il y a différence des sexes entre parents et enfants, on serait tenté de dire que le respect du tabou de l'inceste s'effectue dans les meilleures conditions possibles, le personnage parental semblant s'être identifié non à l'objet du désir mais bien à son sujet, et ne défendant que sa possibilité d'être objet d'affection — sa possibilité et non son droit. Il se montre, le cas échéant, capable de renoncer à ses propres projets (il n'est pas fatal que, dans le *Jeu,* l'amour naisse, entre Dorante et Silvia). Ce qui ne suppose pas chez Marivaux une ignorance des problèmes posés par l'importance récente des sentiments familiaux : dans le *Paysan parvenu,* il montre fort nettement que le rapport désirant entre Jacob et Mlle Habert (qui a le double de son âge) est sous-tendu par un rapport mère-fils rendu sensible jusque dans les appellations qu'ils utilisent (« mon fils », dit par exemple Mlle Habert).

Le rapport entre le père et le fils obéit à une conception tout aussi antimoliéresque : en cas de rivalité, le père (ou son substitut, l'oncle à héritage) s'efface sans hésiter. En revanche, Marivaux a choisi le rapport mère-fille pour montrer comment le sentiment familial pouvait prendre une tournure indéniablement *passionnelle,* trait marqué par l'insistance avec laquelle la mère prétend s'emparer de sa fille et ne faire qu'un avec elle.

Le sentiment n'est guère invoqué par la Mme Argante des *Fausses Confidences,* mais la passion y est, traduite par la violence du personnage. Son énoncé presque final « je ne vous reconnais plus » marque le moment où Araminte échappe au carcan des convenances qui l'ont jusqu'ici paralysée.

Dans son conformisme, la mère ne met pas en question l'inégalité régnante entre les sexes. Dans la *Colonie,* où la révolte des femmes est générale, la bourgeoise Mme Sorbin fait dévier la revendication féministe dans un sens social (abolir la noblesse), et cela va de pair avec l'indifférence sentimentale : « Je n'ai qu'un mari, qu'est-ce que cela me coûte à laisser ? Ce n'est pas là une affaire de cœur. » Elle s'accommode assez bien d'une inconstance masculine, qui laisse à la femme le soin d'incarner la vertu, mais réclame une répression plus sévère encore de l'infidélité féminine. Demande précisément contraire à celle que fait la noble et célibataire Arthénice.

Que la mère ainsi caractérisée soit bourgeoise n'est pas indifférent. La femme aristocratique se définit, indépendamment du rapport conjugal, par son appartenance à une caste. L'homme bourgeois, de manières diverses, s'assure de son identité sociale par la pratique d'une activité, qui fait éventuellement varier cette identité. La femme bourgeoise se définit, quant à elle, par rapport à l'identité du mari, mais de manière purement passive. Autrement dit, elle se trouve dans une situation de dépendance où l'univers familial fait l'objet d'un surinvestissement peu propre à l'épanouissement de sentiments désintéressés. D'où, lorsque le père disparaît, l'exercice tyrannique d'une autorité qu'elle n'a fait jusque-là que subir. D'où aussi le souci permanent d'une honorabilité qui est supposée distinguer la famille proprement bourgeoise de son analogue populaire. En milieu bourgeois bien plus qu'en milieu aristocratique, la répartition des rôles entre masculin et féminin tend à se confondre avec un clivage extérieur/intérieur, social/domestique. Du même coup, la mère a tendance à réduire au minimum la petite mort de la cellule familiale que représente le départ de l'enfant.

Lorsque Mme Argante déclare, à la fin de la pièce, « Qu'il soit votre mari tant qu'il vous plaira ; mais il ne sera jamais mon gendre », elle consomme une rupture qui n'a pas d'égale dans le théâtre de Mariaux. Mais Araminte, dans sa situation de veuve, n'a que faire de son consentement.

2. *Le cœur et la loi*

« Dès que c'est M. Rémy qui me le donne, c'en est assez... » Déclaration qui compte dans une pièce où confidence rime si mal avec confiance et où Araminte, au dénouement, apprendra qu'elle a été trompée de tous côtés, par sa mère, par le Comte, par Dubois qu'elle dit « garçon de confiance », et Dorante lui-même. Reste M. Rémy.

Ce personnage aurait pu être une simple utilité. Or, dès le premier acte, il prend une initiative importante pour la suite de l'action, qui fait mieux que de doubler le projet de Dubois. Ce dernier souhaitait que Dorante plût à Marton, moyen d'augmenter son prix aux yeux d'Araminte et de jouer sur une éventuelle jalousie.

M. Rémy, lui, au nom de sa familiarité avec les deux personnages, les fiance d'autorité, après avoir inventé, entre eux, le début d'un roman d'amour : ce qui justifie le rôle joué par Marton dans l'aventure du portrait, à l'acte II, puis dans l'interception de la lettre d'embarquement. La seconde initiative de M. Rémy, contraire à la première, est la proposition d'un riche mariage faite à Dorante à l'acte II, ce qui donne au héros l'occasion de prouver son désintéressement. Se trouve joué sur la scène un épisode qui figurait dans le récit de Dubois au premier acte, mais dont rien ne prouvait la réalité.

On a vu comment son intervention à l'acte III est décisive : jouant son rôle de procureur, et s'appuyant sur l'autorité morale et juridique de sa charge, M. Rémy découvre à Araminte l'étendue exacte de ses droits. Il importe qu'il ne désapprouve pas formellement le projet de Dorante : les scènes précédentes ont montré qu'il n'avait aucun penchant pour le romanesque et prenait au sérieux les questions de fortune liées au mariage. Mais s'il se refuse à prendre au tragique l'amour de son neveu (« Eh bien quoi, c'est de l'amour qu'il a ; ce n'est pas d'aujourd'hui que les belles personnes en donnent. »), il ne lui refuse pas pour autant le droit d'exister, quitte à se souvenir qu'il a été lui-même amoureux (« Ma foi, Madame, à l'âge de mon neveu, je ne m'en tirais pas mieux qu'on dit qu'il s'en tire. ») Et de rappeler qu'en somme Dorante a « payé » cet amour, et que chez les « honnêtes gens », le mariage n'est pas seulement décidé en fonction des fortunes (« Car, au reste, s'il était riche, le personnage en vaudrait bien un autre... »). Sont invoquées ici les valeurs morales supposées les plus naturelles (mérite, honneur, désintéressement), dont Araminte a besoin. M. Rémy, en quelque sorte, socialise l'aventure romanesque... Il le fait en tant qu'instance de parole, non pas grâce à sa fortune personnelle : typiquement absent est le geste de l'oncle qui, dans la *Mère confidente* « assure son bien » au neveu sans fortune.

Le trait singulier de M. Rémy — qui appartient aussi à nombre de ses semblables dans la bourgeoisie d'argent et de loi — est d'appartenir à un corps d'officiers publics reconnus comme tels dans l'administration de l'État. C'est aussi d'entretenir avec le « client » qu'il représente un rapport personnel, rémunéré sans doute, mais n'ayant rien à voir avec des rapports de domesticité, puisqu'il s'agit de payer des services, et non une personne. Araminte peut parler de M. Rémy comme de *son* procureur, mais il est aussi procureur d'autres clients, et procureur tout court. Acquise d'abord grâce à une certaine fortune — car les charges s'achètent —, cette qualification devient ensuite indépendante du profit même. Mais la probité y est une vertu professionnelle, indispensable à l'exercice de la fonction.

Un des problèmes que pose le passage de la société féodale à l'univers bourgeois est celui de la contradiction entre les exigences de la relation de service (au sens fort du terme, celle qui lie le vassal au suzerain, la personne à une autre personne) et celles d'une loi générale, universelle, sur le plan moral comme sur le plan politique. On a vu que cette contradiction est au cœur même des *Fausses Confidences,* Dubois appuyant sur l'amour qu'il porte à Dorante le dévouement absolu porté au maître, avec un superbe dédain pour toute moralité. En regard, M. Rémy est la personne qui, professionnellement, a pour mission de résoudre la contradiction, ou tout au moins de la rendre vivable. Il a à répondre de la solution qu'il trouve, à la fois devant l'instance judiciaire, et devant la personne qu'il représente. Il en résulte que la relation qu'il entretient avec Araminte est ce qui, dans la pièce, se rapproche le plus nettement du type féodal, car elle repose sur la reconnaissance d'un certain nombre de valeurs communes et non explicitement énoncées (la pièce donnera l'occasion d'en formuler quelques-unes), dépassant ainsi largement les bornes du contrat écrit.

L'une des conséquences paradoxales de ce statut est que l'homme qui a professionnellement affaire à l'argent est aussi capable de ne pas le fétichiser. On pensera ici au financier qui apparaît dans le *Paysan parvenu :* ce Bono au nom parlant, se montre sensible à un geste généreux et un peu fou de Jacob, lui-même futur financier (on est en droit de supposer que sa fortune passe peut-être par là), chez qui l'on retrouve aussi le souci de faire sa part à la fortune sans manquer à la nature. Le personnage a la bonhomie un peu brusque de M. Rémy, ce qui est une manière d'alléger la reconnaissance du bénéficiaire. (Marivaux a étudié avec attention dans ses *Journaux* les diverses manières offensantes de faire le bien).

Or, malgré les injures pittoresques de l'oncle, le soutien de M. Rémy ne fait pas défaut à Dorante, dont il est le garant tout au long de la pièce. Lorsque Dorante réduit le « vrai » de toute l'histoire à sa passion et au portrait, il omet de mentionner, parce qu'Araminte le sait fort bien, tout ce qui a été cautionné ou provoqué par son oncle et a un poids évident dans la décision finale. Rien n'illustre mieux la positivité du sentiment familial, chez Marivaux, même si le procureur semble d'abord se fourvoyer dans le projet de mariage avec Marton. Doué ici de la divination des pères, M. Rémy se trompe, mais dans le bon sens. De fait, il milite, fût-ce de façon expéditive, pour la reconstitution d'une famille autour de ces enfants perdus que sont Dorante et Marton.

Ce représentant de la loi, Marivaux n'en a pas fait celui d'une rigoureuse moralité. Car enfin M. Rémy commence par un mensonge : Dorante vient de lui dire qu'il n'a jamais vu Marton, lorsqu'il invente la fable de leur rencontre. Rien de machiavélique là-dedans : il s'agit seulement de presser les choses, et si l'union est souhaitable, autant y ajouter le piment de l'amour. M. Rémy est bien pris lui aussi dans cette dynamique qui use de la fiction pour transformer la réalité. Et qui effectivement la transforme, même si ce n'est pas dans le sens prévu. Bien entendu, étant donné la qualité du personnage, c'est sans prendre aucun risque de bouleverser l'ordre social. Ce qui implique aussi qu'il rappelle au représentant d'un ordre dépassé — le grand seigneur tenté de jouer d'un ancien privilège — les exigences de l'ordre régnant, c'est-à-dire de la loi écrite.

L'homme de loi se trouve donc être aussi le représentant du cœur. Mais il n'en exhibe pas les attributs et ne parle pas le langage du sentiment. Il se contente de le mettre en action.

3. *De la famille*

Le XVIIIe siècle voit naître l'idéologie moderne de la famille. Plus encore que par les textes théoriques, cette attention au phénomène familial se traduit par la fréquence de ses représentations dans les genres les plus vivants, le roman et la comédie, où la dimension politique et historique est le plus souvent exemplairement absente. Cet intérêt a un rapport évident avec les questions que l'on se pose sur l'essence de la société, et sur le désir de pouvoir fonder à nouveau cette société en nature. En deçà de tous les systèmes, plus ou moins inévitablement artificiels, qui régissent l'univers social, on s'interroge sur cette formation initiale, apparemment liée à la reproduction et à la survie de l'espèce, qui pourrait constituer la cellule originaire de toute société possible, fût-ce parfois, comme Rousseau dans son premier *Discours,* pour imaginer un état pré-familial, celui d'un homme seul dans la nature, sans langage et sans passions, différent seulement de la bête par sa perfectibilité. A ce fantasme des origines, Marivaux touche aussi bien avec son *Arlequin* de 1720 qu'avec la *Dispute,* en 1744. D'autre part, presque toutes ses pièces, conduisant au mariage, évoquent la fondation d'une famille, et, dans bien des cas, le processus de rupture avec une famille d'origine.

Ce qu'on apprend, par cette dernière, est que la famille est susceptible, dans bien des cas, de soutenir, sinon de prévoir, le désir de l'individu, parce qu'il y existe, un rapport affectif entre ses divers membres. Rapport naturel, en tant que lié à la filiation, ou aménagement d'un instinct ? On remarquera seulement que, dans la *Vie de Marianne,* l'héroïne, qui a perdu père et mère naturels, puis père et mère adoptifs, reconstitue une relation mère-fille, de type familial, avec la mère de son amant, et ceci même parfois aux dépens de la passion amoureuse. Il est sûr en tous cas que ces relations familiales artificielles vont dans le sens du désir individuel et de l'insertion du personnage dans la société. Inversement, la suppression expérimentale de la famille dans la *Dispute* conduit aux pires déchaînements de l'amour-propre.

Il convient de souligner ce qu'a de neuf cette conception de la famille par rapport à celle qui prévaut, par exemple, au XVIIe siècle, où le rapport familial repose d'abord sur l'accomplissement d'un certain nombre de droits et de devoirs, qui ne touchent pas nécessairement la sphère du sentiment. Les jansénistes avaient du reste précisé, non sans quelque scandale, que ces obligations inscrites dans la loi morale humaine ne relevaient pas de la loi divine et restaient dans le registre des « vertus apparentes ».

Ces obligations, on tendra à exiger qu'elles se retrouvent au cœur de chaque sujet, sous la forme des bons sentiments qu'ils se doivent les uns aux autres, à moins d'être des monstres. Ce qui permet de trouver dans la famille même un principe d'ordre fondé en nature, le père de famille étant le représentant désigné de cet ordre. On tente de retrouver chez le père réel, ce qui s'était perdu, en quelque sorte, du côté de ces pères symboliques, le roi ou Dieu, en lesquels la croyance s'est affaiblie. Cette exaltation du père de famille peut conduire à souligner son écrasante responsabilité : Diderot, qui ne cesse de chanter les louanges de son propre père, met en scène, dans le *Fils naturel* (1757) un père responsable, en dernière analyse, de tous les malheurs des héros, et dans le *Père de famille,* un personnage d'une assez regrettable faiblesse — même si le « cœur d'un père est le chef-d'œuvre de la Nature »...

Marivaux ne procède pas à une sacralisation du père. Mais, de toute évidence, sa présence est propice à l'épanouissement de sa progéniture et au bonheur général, la mère incarnant au contraire les dangers d'une confusion entre le sentiment et la loi. Les pièces sans père sont fréquemment celles où la passion amoureuse manque d'intensité ou passe par le biais d'une inconstance. La familiarité du parent et de l'enfant permet que le premier s'identifie partiellement au second dans son entreprise amoureuse, crée les conditions nécessaires au développement du sentiment entre les jeunes partenaires et contribue ainsi à renforcer les liens affectifs qui assureront la durée et le bonheur du couple. Ce qui suppose que se retrouve quelque chose dans le couple amoureux de ce qui s'est vécu entre enfant et parent. Le processus n'est possible que si le parent se souvient d'avoir été sujet désirant... C'est l'argument de des Grieux, dans *Manon Lescaut,* lorsque pour justifier sa folle passion, il rappelle à son père l'amour de celui-ci pour sa propre femme. Au grand scandale de ce père, du reste, indigné par une telle comparaison... Le fils ne s'en est pas moins conçu comme produit d'un désir.

Situation propre à faire ressurgir le fantasme de l'inceste. Rousseau, dans son *Essai sur l'origine des langues,* non publié de son vivant, va jusqu'au bout de cette perspective : dans le second état de nature (le premier véritablement humain et, en définitive, le plus heureux), les familles qui constituent les seules sociétés se reproduisent sous le régime de l'inceste (ce qui explique bien des variations de l'auteur dans d'autres textes, quant au moment où placer exactement la naissance de l'amour). Chez Marivaux, il n'est pas question de telles extrémités. Mais on a vu affleurer le thème dans le *Paysan parvenu,* et Marianne aime une sorte de frère en ce Valville qui est le fils de sa mère adoptive. Ce qui se dessine dans le territoire affectif ainsi délimité, et tenu pour propre à la famille, est une valeur nouvelle et typiquement bourgeoise : celle de l'intimité.

Le trait marquant des *Fausses Confidences*, est précisément, en ce qui concerne Araminte, l'absence de cette intimité. Mme Argante parle exclusivement au nom de ses droits de mère et de la convenance sociale, tandis que le Comte n'hésite pas à expliquer à la suivante comment il entend manœuvrer sa future épouse. Tout au long de la pièce, c'est en public que l'on questionne directement ou indirectement les sentiments d'Araminte. Or le besoin d'un autre type de relation se fait sentir chez cette dernière : ce qu'elle confie à Dorante, n'est pas un projet sur le comte, mais bien ses indécisions, l'invitant à prendre son point de vue, comme elle l'a fait en imaginant la gêne que lui impose à lui la nécessité de servir. Du côté de Dorante, en revanche, on trouve une relation, sinon intime, du moins familière et familiale avec l'oncle Rémy. L'évocation par ce dernier du passé de Marton et de Dorante n'est pas moins instructive : elle dessine un entrelacs de relations affectives et familiales (le père de Marton ami du père de Dorante, etc.) où l'amour pourrait trouver sa place : « Mademoiselle, votre père et le sien s'aimaient beaucoup : pourquoi les enfants ne s'aimeraient-ils pas ? » Il n'y a pas là qu'un jeu sur le double sens du mot aimer : de ceci à cela, il y a du rapport. C'est bien au nom de cette familiarité que M. Rémy peut injurier grossièrement Dorante et Marton, sans que ceux-ci s'en considèrent comme mortellement offensés.

La révélation par Dubois de l'amour de Dorante coupe court à la possibilité pour Araminte de satisfaire avec lui son besoin d'intimité. Dès avant l'arrivée de ce dernier, Marton, traitée en « amie », semble lui avoir permis d'y répondre partiellement, et cette relation se retrouvera à la scène 10 de l'acte III, lorsque Marton, désabusée, plaide la cause de Dorante et redemande l'amitié d'Araminte. Quant à Dubois, son plan exige qu'il inspire confiance, mais qu'en même temps il décourage systématiquement une confidence sincère. Dans les deux cas, un point au moins est clair : c'est que la confiance d'Araminte a été mal placée, et l'on pourrait en dire autant de celle qu'elle accorde à Dorante lui-même. Le redoublement de la relation de service — rémunérée — par un rapport de nature affective apparaît comme indéniablement périlleux.

A envisager la tradition théâtrale, on ne saurait dire que le rapprochement maître-valet puisse être considéré comme inconvenant. Chez Molière comme dans d'autres pièces de Marivaux, la familiarité est de règle et s'affirme dans la liberté de langage, notamment lorsque le maître est un jeune homme. Le serviteur fait partie de la famille, au sens large du terme — la *familia* latine —, cette famille d'Ancien Régime que les sociologues appellent famille « étendue », et qui abrite sous le même toit, deux ou plusieurs générations. Si le serviteur reçoit des gages, il est surtout défini par son appartenance à cet ensemble et le terme de service qualifie une relation qui remonte aux obligations dues par le vassal au suzerain ou par le noble au roi. Chez Marivaux comme chez Molière, le serviteur peut jouer de sa double appartenance, en cas de conflit entre parents et enfants. Scapin lui-même, malgré les coups de bâton infligés à Géronte, sera en définitive pardonné, au nom du code qui régit la famille étendue.

On trouve, dans la *Mère confidente,* un intéressant écart par rapport à cette norme : si la mère accepte que Lisette, la suivante, soit récompensée, elle exige en même temps qu'elle soit chassée. Il est clair que Lisette a empiété sur ce que Mme Argante tenait pour son territoire propre, c'est-à-dire la confiance de sa fille, et qu'elle constitue donc une menace pour toute famille. En 1757, au nom de la vérité du théâtre, Diderot blâmera cette habitude de « rendre importants sur la scène des êtres qui sont nuls dans la société » et faisant provisoirement grâce aux soubrettes, concluait : « Qu'elles restent donc sur la scène jusqu'à ce que notre éducation devienne meilleure, et que les pères et les mères soient les confidents de leurs enfants. » (Il est probable d'ailleurs que ce passage des *Entretiens sur le Fils naturel* vise Marivaux.)

Bien entendu, cette méfiance par rapport au serviteur tient à une évolution qui mène d'un rapport quasi-féodal à une relation perçue comme salariée (les traîtres, comme le Trivelin de la *Fausse Suivante,* sont souvent les serviteurs d'occasion, ou parfois, plus simplement, de francs imbéciles). Mais elle correspond aussi à une modification de la famille et à l'épanouissement, en son sein, de sentiments proprement familiaux, réservés aux personnes unies par le sang ou l'alliance — qui, sur le plan social, sont en relation supposée d'égalité. Plus que celui qui se laisse soudoyer, c'est le serviteur désintéressé qui menace cette intimité, devenue le signe distinctif des « honnêtes gens ». Les honnêtes gens, selon Diderot, ne parlent pas de leurs affaires personnelles devant leurs domestiques. Encore moins leur donnent-ils l'occasion d'y jouer un rôle. Dans l'univers social, se dessine ainsi une autre ligne de clivage que celle, archaïque, qui passait entre noblesse et bourgeoisie : elle sépare ceux qui servent et ceux qui sont servis. Bien en prend à Dorante de n'être qu'un *faux* intendant. C'est bien sur l'ambiguïté de son statut qu'Arlequin met naïvement le doigt en évoquant le valet qui sert et celui qui est servi.

Faut-il relier l'action des *Fausses Confidences* à une autre évolution à long terme de la famille ? Du XVIIe au XIXe siècle, se produit un glissement d'ensemble de la famille « étendue » — définie plus haut — à la famille « nucléaire », de type moderne, composée idéalement du couple et de ses enfants. Cette transformation est liée à des phénomènes économiques, et en premier lieu, à la migration vers les villes et à la mobilité sociale. Elle touche inégalement les diverses couches de la population. Cette famille, à l'état en quelque sorte pur, intéresse bien entendu toutes les rêveries sur l'origine et est le lieu par excellence de l'intimité, et non celui d'une mise en représentation. On constatera qu'à un degré minimal, la famille d'Araminte est bien une famille étendue, puisqu'elle inclut sa mère, mais qu'elle finit en famille nucléaire, si, comme on peut le penser, le refus final de Mme Argante se traduit par le choix d'un autre lieu de résidence. Ce n'est sans doute pas un hasard si le tableau de cette famille « moderne » définie par la relation de couple *et* la descendance, se conclut par la plaisanterie d'Arlequin sur les enfants à venir...

Famille donnée par là pour vraie, fondée sur le sentiment et le désir de le reproduire, non comme le résultat de l'accomplissement d'un certain nombres de rites sociaux, auxquels les intéressés ne semblent guère croire. Il s'agit d'être heureux, et non plus seulement de faire figure.

D. REPRÉSENTER ET PARAÎTRE

1. *Du déguisement au rôle*

Marivaux a maintes fois employé dans ses comédies le procédé du déguisement. Dans la *Double Inconstance,* déguisé en officier du palais, le prince voit Silvia et, une fois que celle-ci aura été transportée à la Cour comme favorite présomptive, il continuera à la rencontrer sous ce masque : tout à fait consciente et flattée de sa nouvelle grandeur, la bourgeoise de campagne ne manque pas de s'éprendre de cet officier qui n'est plus, à côté d'elle, qu'un petit personnage, et de souhaiter qu'il soit prince, pour pouvoir trahir honorablement Arlequin. Ainsi le supérieur parvient-il à neutraliser provisoirement les effets paralysants qu'a sa grandeur sur l'objet aimé, en lui conférant illusoirement une position de supériorité. Parallèlement, Arlequin s'attache à Flaminia d'autant plus facilement qu'il se croit l'arbitre de l'amour de Silvia et du prince. Dans le *Prince travesti,* le héros, déguisé en aventurier, s'attire, involontairement, l'amour de la princesse de Barcelone : le déguisement dissimule ici la dimension politique qu'aurait fatalement pris un projet de mariage. Lorsqu'elle renonce à lui, c'est pour accorder sa main, sinon avec passion, du moins avec estime, à un roi de Castille qui a eu la délicatesse de se transformer en son propre ambassadeur.

Même désarmement dans des secteurs plus humbles : Eraste, en se présentant sous l'identité d'un ami dans le *Dénouement imprévu,* remet son sort à la seule décision de Mlle Argante, qui a pu s'apercevoir qu'il était « joli homme ». De façon constante, par le déguisement, le supérieur abolit l'image de sa puissance, de quelque ordre qu'elle soit. Il arrive même que pour se faire plus attendrissant, le supérieur se montre persécuté : dans *le Triomphe de l'Amour,* la princesse se présente à Agis comme tentant d'échapper « à la persécution de la princesse », et elle adopte à l'égard des parents adoptifs d'Agis la même attitude, en changeant de sexe selon le cas. Déguisement encore chez l'Eraste de l'*École des mères,* qui y gagne de surprendre l'aveu de l'amour, et bien entendu aussi dans le *Jeu de l'amour et du hasard,* mais double cette fois, puisque les deux partenaires ont la même idée de se transformer en domestiques.

De façon inhabituelle, il arrive aussi que les parents se déguisent : dans l'*École des mères,* M. Damis surprend ainsi l'amour de son fils, et dans la *Mère confidente,* Mme Argante, jouant le rôle d'une tante, parvient à persuader l'amant de sa fille de renoncer à l'enlèvement qu'il méditait. Pour guérir son fils de la passion du jeu, M. Orgon, masqué, va même jusqu'à jouer avec lui, pour lui remontrer ensuite ses torts. Dans tous ces cas, le déguisement conduit à dissocier la personne — et pas seulement le corps — de l'identité sociale, à faire voir du personnage déguisé ce que cette identité masque et ce qu'une relation d'habitude a rendu impossible à percevoir par l'amant, le fils ou la fille. La dupe du déguisement croit connaître la personne le plus souvent, par les discours qui ont été tenus sur elle.

Une fois que le rapport personnel aura constitué aux yeux de l'aimé un autre individu que celui qu'il croyait connaître, le puissant peut laisser tomber le masque. Il arrive du reste que l'amant, sans quitter sa propre identité sociale, la fasse assumer par un autre afin d'en conjurer les effets : Lucidor déguise son valet en riche homme, afin de le faire refuser par Angélique, dans l'*Épreuve*.

Cette suppression provisoire de l'identité peut être moyen d'action à des fins non amoureuses. Dans la *Fausse Suivante,* la jeune fille (émancipée) assume une double identité : en tant que « chevalier », elle devient le confident du coureur de dots à qui elle est destinée, et lui enlève sa belle, mais elle se prétend aussi, une fois démasquée, sa propre suivante prête à trahir les intérêts de sa maîtresse. Comme cet exemple le montre, le déguisement peut poursuivre des buts diamétralement opposés : soit exiler une partie de l'identité sociale, la reléguer en surface, pour faire exister une personne vraie qui survivra à la chute du masque, soit au contraire faire usage des pouvoirs liés à la possession d'une autre identité. Certains personnages se tiennent donc au plus près de leur identité véritable, comme Mme Argante, lorsqu'elle passe du rôle de mère à celui de tante. D'autres, même dans l'entreprise amoureuse, n'y regardent pas de si près : la princesse du *Triomphe de l'amour* ne fait qu'offrir au prince qui, lui, est effectivement persécuté, l'image de son semblable au féminin, qui n'a pas grand chose à voir avec la princesse réelle.

Si le déguisement a des effets généralement positifs et supposés durables, c'est qu'il a permis à l'aimé de s'affirmer comme aimant librement, à l'écart des déterminations intéressées que pouvaient laisser imaginer le rapport de forces intial. Autrement dit, il l'a assuré, sous les yeux de l'autre, d'une image de lui-même. Un choix libre a été substitué aux éventuelles violences dont il pouvait être l'objet. Même si la situation était fictive, les sentiments ont été vrais et peuvent survivre à la démystification. Ils survivent même si bien que les conséquences en sont parfois troublantes : la comtesse de la *Fausse Suivante* et la Léontine du *Triomphe de l'amour* n'éprouvent pas une souffrance moins réelle à découvrir que, depuis le début de l'intrigue, elles ont été dupées par une femme travestie. C'est bien, dans les deux cas, la douleur et non la colère qui domine.

Quand l'aimé découvre qu'il a été à la fois la victime et le bénéficiaire de l'entreprise de déguisement, encore que l'amant n'ait généralement rien perdu de sa puissance réelle, le mouvement est de reconnaissance, dans la mesure où l'amant a effectivement fait tomber les barrières qui interdisaient que certaines paroles fussent dites, a accepté de s'abaisser, fût-ce provisoirement aux yeux de quelques-uns, risquant par là même de se retrouver dans des situations réellement humiliantes.

Le cas des *Fausses Confidences* est ici singulier. Pour une fois, ce n'est pas le puissant qui se déguise et dissimule sa fortune, sa principauté ou sa paternité, mais bien le personnage socialement inférieur. D'autre part, ce déguisement a pour effet d'accroître la distance entre Araminte et Dorante : le processus de chute illusoire qui rapprochait la bergère du prince va ici placer les deux partenaires dans une situation socialement beaucoup plus délicate que la position de départ. Qu'Araminte épouse un jeune fils d'avocat, passe encore. Mais qu'elle épouse son intendant, c'est bien là que le marquis d'Argenson indique l'*indécence*. Or rien ne permet de distinguer, pour les observateurs extérieurs, ce faux intendant d'un vrai : il a été régulièrement présenté, engagé, a exercé sa charge, et il ne peut arguer d'une situation initiale qui ferait éclater une vérité distincte de cette fiction. A vrai dire, tout le monde considère comme naturel que, dans la situation où il se trouve, Dorante songe à se faire intendant d'une bonne maison. Tout se passe comme s'il jouait à l'intendant pour ne pas le devenir...

Il y a donc ici écart minimal entre la personne réelle et la personne fictive. Et Dorante s'applique à la maintenir telle. Le faux intendant devrait jouer l'amour pour Marton : Dorante se contente de laisser dire M. Rémy et de compléter par quelques mots ambigus. Il reçoit la compassion d'Araminte qui vise précisément sa personne sociale ; mais s'il est un faux intendant, il ne la mérite guère, cette compassion, et du reste, ses réponses sont à double sens et peuvent être entendues comme celles d'un amant — par le spectateur, et non par Araminte. Tout aussi ambigu est son avis sur le projet de mariage : est-ce le faux intendant (il se doit d'être un modèle d'honnêteté) ou l'amant qui parle ? N'importe, le ton sera celui de la conviction. La proposition de mariage avantageux peut le trouver tout aussi sincère, dans le refus, même s'il n'échappe à la gratitude de Marton, encore une fois, que par des formules à double sens. Mais c'est le faux intendant, sans aucun doute, qui demande le renvoi de Dubois, au début de l'acte II. Dans le même acte, à la scène 13, coïncidence de la réalité et de la fiction : Dorante a peur d'être renvoyé et l'annonce d'un mariage avec le comte doit lui donner un chagrin bien réel qui trahit la violence de sa passion. Il peut s'exprimer sincèrement en refusant Marton et en évoquant sa passion pour Araminte à la troisième personne, mais Marivaux, à la fin de la scène 13, marque la feinte lorsqu'ils sont surpris par Marton : « feignant d'être déconcerté ». L'interrogation inquiète de la scène 7 de l'acte III peut s'alimenter d'une émotion réelle, et lorsque Araminte lui demande de renier la fameuse lettre « d'embarquement » — et cette demande a tout l'air d'un appel au secours : « Quoi ! cette lettre n'est point d'une écriture contrefaite ? Vous ne la niez point ? » — Dorante est sans aucun doute troublé. Mais c'est bien le personnage imaginé par Dubois qui répond en la laissant affronter le scandale. Même attitude dans la scène 12, lorsque Dorante provoque la déclaration d'Araminte : « Que vous m'aimiez, Madame ! quelle idée ! qui pourrait se l'imaginer ? », alors que cette imagination-là, tout le monde l'a depuis un certain temps. Ce n'est qu'après l'aveu d'Araminte que s'opère enfin la sortie nette du rôle.

Dans le plan pervers imaginé par Dubois, Dorante doit jouer un rôle, mais aussi mal le jouer, pour faire éclater le scandale et hâter le mariage. Il devient dans ces conditions à peu près impossible d'évaluer son degré de duplicité, de supputer la nature de son émotion, et lui-même semble parfois s'y perdre. Ce qui reste est la romanesque histoire, si l'on veut exprimer les choses de façon simple : il s'est déguisé en intendant pour me séduire, peut se dire Araminte, et cela est vrai. Que les intendants de cette espèce soient souvent des princes, c'est un autre fait, encore que littéraire. On voit comment au cours de l'intrigue, Dorante accrédite en quelque sorte spontanément cette version : « J'ai tout quitté pour avoir l'honneur d'être à vous... » Qu'a quitté Dorante exactement ? sa maison tout au plus... Mais c'est phrase de prince infortuné. De curieuse façon, ce qui est fourni à Araminte est l'image d'un déguisement fait pour ne pas tromper, pour être apprécié comme déguisement. Tant que l'un et l'autre s'attachent à cette fiction, Dorante peut continuer à proférer ses déclarations à double entente — car il sait qu'elle sait, et elle ne sait pas qu'il sait qu'elle sait...

On comprend pourquoi l'aveu du stratagème fait par Dorante à Araminte prend la forme d'un *sommaire,* et pourquoi Araminte se tait sans poser davantage de questions. Il n'est guère possible de revenir sur chacun des instants passés et leur infinie complexité. A quel endroit la vraie personne était-elle supposée parler ? Contrairement à ce qui se passe dans d'autres pièces où la réponse serait claire, elle est ici au-delà des ressources de l'énoncé. Le spectateur le sait fort bien, et c'est peut-être ce que signale le moment de silence d'Araminte.

« Pourquoi les acteurs qui se passionnent véritablement en déclamant, ne laissent-ils pas de nous émouvoir et de nous plaire, bien qu'ils aient des défauts essentiels ? C'est que les hommes qui sont eux-mêmes touchés nous touchent sans peine » écrivait l'abbé du Bos en 1719. On reconnaît ici un point de vue diamétralement opposé à celui que soutiendra plus tard Diderot dans le *Paradoxe sur le comédien,* où il estime que le grand acteur est de sang-froid et machine soigneusement ses effets, ce qui lui permet de les répéter chaque soir. L'abbé du Bos ne se souciait pas de montrer comment ces émotions de commande pouvaient être réelles (cette relative réalité devait tenir pour lui aux vertus du texte théâtral). Vu l'importance qu'il accorde aux moyens « instinctifs » de communication, Marivaux a pu être assez proche de l'opinion de du Bos. Dorante est donné comme acteur passionné qui a bien besoin à ses côtés de cet « homme de sang-froid » qu'est Dubois (c'est ainsi qu'il se définit lui-même, acte I, sc. 2). Cela est vrai globalement. Mais Marivaux montre en outre que si l'émotion est réelle, elle n'a pas toujours la nature ou la source que lui attribue le destinataire. Il y a là souvent un décalage, un déplacement si subtils qu'ils tendent à échapper à l'analyse et à la mémoire, quitte à provoquer un certain malaise. De ce type de déplacement, Marivaux avait fourni un exemple plus grossier dans le *Paysan parvenu :* Jacob y rapportait chez sa femme légitime les ardeurs insatisfaites qu'avaient éveillées chez lui une grande dame, dévote et libertine. Il est hors de doute qu'Araminte a rencontré en Dorante un corps ému, portant les signes visibles de sa passion. Est-il possible de questionner ces signes en des endroits où lui-même ne saurait peut-être répondre ? D'autant qu'en somme Dorante est parvenu à ne pas prononcer une phrase qui soit définitivement compromettante (et cela, en revanche, aurait pu rester dans la mémoire). Rien en somme ne l'empêche radicalement de se croire, en toute sincérité, selon l'expression d'Araminte, le « plus honnête homme du monde ».

Si Dubois est le comédien froid, on remarquera cependant qu'il s'applique en somme à ne rien dire, ou presque, que la vérité : l'amour de Dorante, l'estime qu'il lui porte, le stratagème de la lettre. Sans se déguiser, il joue cependant un rôle qui est moins celui d'ennemi de Dorante que d'opposant, et cette opposition à son tour se fonde sur son intérêt et sa bienveillance pour Araminte. Après l'explication finale, il apparaîtra que tout ce que cet acteur-metteur en scène aura laissé passer d'émotion était feint, et que chaque fois où il a prétendu venir en aide à Araminte, il a en fait contribué à rendre sa situation plus intenable encore face aux autres personnages. Ce qui était vrai était seulement son dévouement à Dorante. L'endroit où commence son rôle s'exerce essentiellement au moyen de la parole, et des significations que cette parole transmet. Avant l'explication finale, Araminte perçoit intuitivement l'unité de toute cette conduite et l'attribue au « plaisir de faire du mal » (acte III, sc. 9), pour conclure : « Il faut que vous soyez capable de tout. » Même après l'aveu de Dorante, Araminte ne peut guère envisager comme rapport affectif vrai de Dubois à elle-même qu'une hostilité ou une indifférence, et certainement pas l'attachement qu'il a affecté. L'abus de confiance peut alors être pleinement caractérisé.

A l'égard de Dorante, ce qui va décider pour Araminte de l'endroit où se clivent l'être et l'apparence, c'est en définitive son désir, et non pas seulement son désir de Dorante, mais aussi bien son désir de se voir elle-même jouant un rôle dans ce qui est devenu leur histoire, et sans doute il est naturel qu'elle pense à se tenir pour la victime consentante d'un stratagème d'amour, plutôt que pour la dupe de la ruse d'un valet. Ce choix qui interprète le passé est déterminé par une image de l'avenir. Marivaux ne laisse pas ignorer que, pour ce faire, il faut peut-être renoncer à vouloir toute la vérité et accepter que ce qui se dit du passé soit quelque peu habité de fiction.

2. *Le portrait*

L'épisode du « portrait » occupe une bonne part du second acte et a un rôle essentiel dans le déroulement de l'intrigue : Marton y découvre que Dorante ne l'aime pas, mais vise Araminte, et, malgré le doute exprimé par cette dernière, les autres personnages n'en doutent guère. La lettre « d'embarquement », au troisième acte, ne fera guère que signer le portrait, dont l'existence suffit à prouver que cet amour ne date pas du jour même...

L'histoire se reconstitue sans peine : Dorante a autrefois appris à peindre, il rencontre Araminte, six mois auparavant, exécute de mémoire son portrait, fait encadrer cette miniature dans une boîte, selon l'usage, et s'arrange pour que Marton l'intercepte à la livraison. Araminte s'en empare ensuite, et s'en sert à la scène 15 de l'acte II pour tirer une déclaration de Dorante. Dorante le réclame, à la scène 12 de l'acte III, et c'est le refus d'Araminte (« Songez-vous que ce serait avouer que je vous aime ? ») qui l'amène tout droit à la déclaration. On ajoutera que le thème du portrait est redoublé par celui du tableau contemplé par Dorante, et, autre portrait d'Araminte, objet de querelle entre Arlequin et Dubois à la scène 10 de l'acte II, querelle qui sert au mot de la fin, dit par Arlequin : « Pardi ! nous nous soucions bien de ton tableau à présent ! L'original nous en fournira bien d'autres copies. » Évocation des enfants à venir, bien entendu. De l'imitation à la reproduction en quelque sorte.

On a affaire ici à un lieu commun de l'univers romanesque et théâtral où le thème de l'amour peintre est fort répandu. La possession du portrait suppose la relation amoureuse : Molière en a tiré des effets comiques dans son *Sganarelle*. La princesse de Clèves se laisse voler le sien par le duc de Nemours. Quant au don, il équivaut à un aveu : mais, bien entendu, les circonstances pouvaient dispenser Araminte de l'interpréter ainsi, si elle l'avait désiré.

Curieusement, en cette affaire, pour reprendre les termes d'Arlequin, Dorante fabrique une copie et obtient l'original. Tout se passe comme si le portrait était l'occasion d'une opération magique qui réussit. L'usage galant garde trace bien entendu de la valeur magique autrefois accordée à la représentation : posséder le simulacre d'une personne, ou un objet lui ayant appartenu, donne sur cette personne un pouvoir effectif. Dorante, tel un sorcier, insiste sur la fabrication personnelle de l'objet : « Je me serais privé de son portrait si je n'avais pu l'avoir que par le secours d'un autre... » et sur la valeur que lui a donnée le contact d'Araminte : « Il a été entre vos mains, Madame. » De cette magie, Marivaux n'a pas fait la théorie, mais la croyance, à l'époque, est loin d'en être éteinte, et l'une de ses sources principales, les *Illustres françaises* de Robert Challe, contient une belle histoire tragique de ce type (Histoire de Sylvie et des Frans).

Si l'on en croit le récit de Dubois, Dorante passe les six premiers mois de son amour, non pas à tenter de lier connaissance avec Araminte, mais bien à tâcher de la *voir* le plus souvent possible. Le portrait permet de prolonger, de répéter le plaisir de cette vision nécessairement fugitive, de reconstruire l'objet absent. Il autorise d'autre part un contact physique, totalement interdit dans la réalité. Il faut pour cela que Dorante l'ait peint lui-même, et une fois touché le portrait par Araminte, l'objet devient médiateur entre deux contacts. Quelle qu'ait été la durée des « contemplations » de Dorante, il est sûr qu'il a fallu du temps pour réaliser le portrait lui-même. L'action de peindre prend ici la place de l'entreprise amoureuse traditionnelle. Elle atteste du prix d'Araminte aux yeux de Dorante. Le principe fondamental, en effet, d'une peinture régie alors par la loi de l'imitation (et le portrait l'est plus absolument qu'un autre genre) est que la copie fait un effet analogue en nature à l'original, mais inférieur en intensité. Or malgré l'inévitable déperdition, le simulacre semble suffire, dans ce premier temps, à assurer à Dorante un relatif bonheur.

On peut discerner comment opère l'effet magique. Du passé amoureux de Dorante, Araminte ne sait presque rien, sinon par le canal douteux de Dubois. Le portrait en fournit à la fois une trace et une image : celle d'un amant idéal, l'adorant sans qu'elle en sût rien, dans le silence, sans aucun projet sur sa personne. A posteriori, elle se découvre comme l'objet d'un désir qui ne troublait en rien sa tranquillité. Tout hommage direct peut faire douter de sa véracité, dans la mesure où il peut faire partie d'un projet de flatter ou de conquérir, où il est aussi acte de parole destiné à produire un effet sur le destinataire et à lui inspirer une conduite. Araminte, tout au long de la pièce, est très précisément victime d'une parole qui se dissimule comme action sur l'autre. C'est le thème même de la « fausse confidence ». L'on sait d'autre part les détours par où doivent passer les héroïnes de Marivaux (par exemple dans les *Sincères*) lorsqu'elles tentent d'obtenir de leur partenaire une appréciation « objective » et « sincère » de leur beauté, susceptible de satisfaire leur insatiable amour-propre. Ici le premier destinataire du portrait n'est autre que Dorante lui-même : ce qui, après coup, atteste une innocence que n'a certainement pas la lettre — forgée — d'embarquement. L'épisode du tableau en revanche permet de réactualiser cette situation du passé.

Lorsque les théoriciens de l'époque comparent et opposent littérature et peinture — l'abbé du Bos par exemple —, c'est volontiers pour souligner l'artifice de la première qui use des signes arbitraires, conventionnels, du langage verbal, et l'immédiateté de la seconde qui, usant de signes « naturels » — nous dirions « iconiques » — donne les images mêmes des choses. Pour du Bos, le langage verbal n'agit même sur le lecteur qu'en faisant naître des « tableaux intérieurs » qui provoquent l'émotion. Or le premier effet du portrait sur Araminte est bien aussi de produire un tableau muet et imaginaire : celui de Dorante appliqué à peindre le portrait, dans un acte d'adoration qui excède l'expression verbale. Tout l'ineffable de la relation amoureuse — inévitablement manqué par la convention du langage verbal — se donne à imaginer dans cette scène d'attention active et fascinée.

De la beauté d'Araminte, il est fort peu question. Ce qu'en dit Dorante à la scène 15 de l'acte II est passablement conventionnel, sinon en ce qu'il insiste sur l'effet produit par cette beauté sur son corps à lui : « Je m'égarerais en la peignant ». Le temps de la peinture comme celui d'un inavouable « égarement », ôtant la parole ? Le portrait n'en a pas moins été fait et présente à cette femme qui semble ignorer le miroir, l'image de son corps — ou du moins de son visage — vu à travers le prisme d'un désir. Peu importe que l'image soit fidèle ou obéisse aux canons classiques de la beauté : l'essentiel est que le *fait* du portrait révèle Araminte *à elle-même* comme désirable, et aussi comme objet d'amour. Cette confirmation de la valeur amoureuse que d'autres personnages cherchent dans un incessant va-et-vient entre le miroir et la parole des autres, Araminte la trouve d'un coup, sans l'avoir cherchée dans le portrait et son histoire. A travers le regard et la main de Dorante, elle accède au plaisir de l'amour de soi. Sûre du pouvoir qu'absente elle a exercé sur le corps et l'âme de Dorante, on comprend qu'elle soit tentée de devenir celle qui est ainsi représentée.

Elle ne restitue donc pas le portrait, mais en prend la place, donne l'original au lieu de la copie. Qu'elle garde le portrait peut passer pour le symbole de la modification qu'elle subit, c'est-à-dire de la découverte d'un amour de soi qu'elle semblait jusqu'alors ignorer. L'image montre ici son pouvoir sur les choses, et celui de l'apparence sur l'être, puisque l'être est constamment amené à se définir en fonction des apparences qu'il produit.

La plaisanterie finale d'Arlequin prend alors tout son sens : les enfants sont bien des copies où l'original peut s'aimer lui-même, étant admis que cet amour reste stérile, si l'original — c'est-à-dire les parents — se limite à se retrouver lui-même, tel qu'il croit être, mais devient fécond dans la mesure où la copie peut s'écarter de l'original et le renvoyer à ce qu'il ne savait pas de lui-même, à cet inconnu échappant au langage et que transcrit le silence du portrait. La reproduction (et l'éducation ?) comme *art,* en quelque sorte...

Que la question de l'art traverse ainsi *Les Fausses Confidences* n'est pas sans rapport avec l'image de l'artiste et en particulier du peintre, qui s'élabore au siècle des Lumières. L'artiste a en effet ce privilège d'accomplir un travail qui, contrairement à celui de l'artisan, n'est pas tenu pour dégradant, vil, purement « mécanique ». Il est reconnu d'autre part que sa réussite est due à des qualités personnelles, des dons souvent mal définis, que permet de désigner globalement le terme de « génie ». Il offre enfin l'image d'une certaine auto-suffisance, dans la mesure où son travail est supposé lui procurer directement un plaisir, et n'exige que des moyens matériels — et donc financiers — relativement réduits. Autrement dit, la valeur de la toile achevée est sans rapport avec la matière première qu'elle met en jeu : multiplication de la valeur quasi magique et inquiétante, si elle n'était limitée par le petit nombre des grands artistes. Or, entre l'investissement et le résultat se produit, pour Dorante, dans le cas du portrait, une augmentation analogue. Enfin l'artiste a un rapport spécifique à la représentation des corps et des passions. Il n'est pas question, bien entendu, que Dorante devienne peintre professionnel. Mais l'usage fait par Dorante de la peinture qui peut apparaître d'abord comme un pis-aller, montre quel dynamisme recèle son apparent repli sur la fabrication d'une illusion, d'un artefact imitatif portant tout à la fois la marque de sa personne et de son désir.

Il est à peine nécessaire d'indiquer combien Marivaux — tant de fois qualifié et se qualifiant comme *peintre* — et, en tant qu'écrivain, lui aussi fabricant d'illusions, a pu s'identifier à ce personnage, dont on a vu qu'il est son proche parent, du point de vue biographique.

3. De l'apparence à l'apparence

« J'ai soixante et quatorze ans passés quand j'écris ceci : il y a donc bien longtemps que je vis. Bien longtemps hélas ! je me trompe, à proprement parler je vis seulement dans cet instant-ci qui passe ; il en revient un autre qui n'est déjà plus, où j'ai vécu, il est vrai, mais où je ne suis plus, et c'est comme si je n'avais pas été. Ainsi ne pourrais-je pas dire que la vie ne dure pas, qu'elle commence toujours ?... »

Peu d'auteurs ont exprimé avec autant d'acuité que Marivaux le sentiment de l'irréalité de l'univers et de l'expérience humaine qui est censée s'y dérouler. La vie : « un rêve perpétuel, à l'instant près dont on jouit et qui devient rêve à son tour » dit la même vieille dame. Cogito marivaudien de base qui prend ici des résonances quasi bouddhiques. C'est bien ce qui fonde la réflexion de l'auteur de *Pharsamon* sur ces « riens » que sont les sujets, petits ou grands, et lui fait proclamer que « la manière de raconter est toujours l'unique cause du plaisir ou de l'ennui qu'un récit inspire… » Car si le lecteur a affaire à une fiction et le sait bien, l'individu, dans son existence propre, pourrait bien ne circuler qu'à travers un labyrinthe d'apparences. Et ce sentiment-là, les personnages de Marivaux peuvent le rencontrer à tout moment de leur expérience : « Tout ceci a l'air d'un songe », dit Marton, après ses expéditives fiançailles avec Dorante. En quoi elle a raison, du reste, puisque le projet de M. Rémy ne repose sur rien d'autre que l'envie qu'il en a. Il n'y a là aucune raison métaphysique. Chez la vieille dame elle-même, le sentiment d'irréalité n'est pas moins en situation : il naît de son effort même à faire le « mémoire » de sa vie, lorsqu'elle constate la difficulté qu'elle a à lier entre eux les événements de son passé, à en faire une histoire, ou du moins *des* mémoires. Et si même, à s'écrire, elle ne saisit pas le sens de ce qu'elle a vécu, si le roman ébauché laisse voir sa facticité, il n'en reste pas moins que l'entreprise narrative suppose que tous les rêves ne se valent pas. Lorsque Marton ouvrira la boîte du portrait, il faudra bien qu'elle distingue entre apparence et réalité. Avec un peu plus de prudence ou d'attention à Dorante, elle aurait pu n'être pas dupe du songe agréable où l'engageait M. Rémy.

C'est l'expérience même qui engage la nécessité de porter un jugement distinguant l'être du paraître. Marivaux hérite ici d'une riche tradition classique. Pénétrer, démasquer, percer à jour : les termes qu'il emploie lui-même pour qualifier ses diverses entreprises relèvent de cette tradition qui suppose une constante occultation de l'être par l'apparence. C'est celle de la Rochefoucauld ou de La Bruyère, et l'épithète de « nouveau Théophraste » donné à Marivaux à ses débuts indique la filiation, ressentie par ses contemporains (même si Marivaux n'a guère de sympathie pour le partisan des Anciens). Si l'être est caché, dans la perspective classique, il y a à ceci de bonnes raisons : l'apparence est toujours brillante et séduisante, ce qu'on découvre derrière elle est inévitablement décevant. Chez Pascal, le mouvement est encore double : s'il convient de démasquer la misère de l'homme sans Dieu, il ne faut pas non plus oublier ce qu'il y a en l'homme d'admirable et qui n'est pas évident. Le trajet des moralistes classiques, qui tiennent que la religion n'est pas de leur compétence, est de façon dominante, celui de la désillusion et du désabusement, et le terme de l'analyse est le plus souvent un inéluctable *en moins,* marqué par la fréquence obsessive de la formule « ne.. que… », la constatation de la moindre valeur de ce qui surgit derrière l'apparence. Pessimisme d'origine augustinienne, sans doute, mais qui ne dit pas toujours son nom et, du même coup, clame une misère que ne rachète pas la perspective surnaturelle de la grâce. Fourvoyé par l'amour-propre (qui est l'envers de l'amour que la créature devrait porter à Dieu), l'homme se préoccupe de dissimuler à ses yeux et à ceux des autres, le manque fondamental qui l'habite. D'où un univers social qui vit sous le régime de la fausse monnaie. Y a-t-il une vraie monnaie ? A faire tomber les masques, il n'est pas évident qu'on atteigne l'être véritable, mais peut-être seulement une autre couche d'apparences qui en serait moins éloignée, et pourrait à son tour devenir objet d'analyse. Une perspective sans fin, en quelque sorte...

Qu'il y ait chez Marivaux, notamment dans ses *Journaux* une posture de moraliste, est assez évident. La différence avec ses prédécesseurs est tout d'abord son peu d'attention à la portée métaphysique de l'écart entre être et paraître. Et ensuite le fait qu'il met en scène l'énonciateur du discours qui démasque. Son « spectateur » n'entend d'abord que donner le spectacle d'un « homme qui pense » — « recueillir fidèlement ce qui me vient d'après le tour d'imagination que me donnent les choses que je vois ou que j'entends... » — indépendamment en somme de la vérité des énoncés ainsi produits. C'est dans un second temps seulement que se justifiera, par un événement, le penchant à moraliser. C'est la scène fameuse où le narrateur surprend sa maîtresse en train de répéter, devant le miroir, les airs « naïfs » qui l'ont séduit ; et de conclure : « ... Je viens de voir les machines de l'Opéra. Il me divertira toujours, mais il me touchera moins. » C'est reconstituer, mais en partie seulement, la position supposée objective du moraliste classique.

Au long du *Spectateur,* le personnage ne cessera de rappeler que, tout mutilé qu'il est par son expérience initiale, il lui reste encore un amour-propre, et que c'est cet amour propre même qui lui permet de deviner celui des autres. Il n'y a pas d'observateur absolument privilégié, et le discours qui pénètre et qui perce fait partie de la machine qu'il prétend démonter. Certains personnages du théâtre s'en souviennent, qui engagent dans l'action même tout leur talent d'analyse psychologique, à des fins qui ne sont évidemment pas de vérité. Mais ce que découvre aussi le spectateur, est que le jeu des apparences trompeuses constitue entre les hommes un nécessaire moyen de communication. Autrement dit que ces apparences sont codées de telle manière qu'elles permettent à l'individu de signifier à l'autre quels sont ses désirs, fût-ce par une représentation de soi qui, pour un œil extérieur semble manquer à la vérité. N'est-ce pas parce que cet œil prétendument extérieur fait abstraction de ce qui, dans cet échange de représentation, importe réellement, c'est-à-dire l'obtention de l'objet du désir. Et cet objet du désir est aussi d'entendre : je vous aime. Il est tout aussi vain de vouloir réduire *je vous aime* à *je vous désire* que de prétendre que ceci ne signifie pas aussi cela.

Rien ne marque mieux chez Marivaux tout à la fois l'intention de démasquer et ses limites que l'invention du *Monde vrai,* dans le *Cabinet du philosophe :* un voyageur y acquiert le privilège d'entendre le « vrai langage » des hommes qui l'entourent, c'est-à-dire une langue où s'énonceraient clairement leurs vanités et leurs désirs. Projet encore réalisable, quand il s'agit de mensonge et de dissimulation simples : mais déjà, pour que se maintienne la communication entre les personnages, il faut que l'auteur ajoute le langage de convention. Or ce langage de convention définit aussi le personnage qui le tient. Dès qu'on aborde les zones de la demi-conscience et de la mauvaise foi, l'entreprise devient impraticable, puisqu'elle fait énoncer au personnage ce que précisément il veut se cacher. Aussi Marivaux en vient-il à supposer que cette langue vraie, nous ne cessons peut-être de l'apprendre et de l'entendre, et qu'elle n'est rien d'autre en somme que langue de convention. A supprimer la destination réelle, on anéantit aussi la fonction du langage, qui est de faire signe.

Est refusée ici la prétention, familière aux classiques, d'atteindre une profondeur. Ce que l'analyse révèle, c'est une autre apparence, par changement de point de vue. Dans un de ses textes de jeunesse, les *Lettres contenant une aventure,* de 1719, Marivaux montrait le narrateur écoutant, caché dans un bosquet, la conversation de deux dames occupées par l'aventure en question, et surprenant, lui qui est un homme, ce que, de cette aventure, fait le langage féminin : discours non plus vrai, mais autre... Le trajet qui fait dépasser la première apparence n'est plus, dès lors, celui d'un appauvrissement, mais de l'émerveillement devant la complexité ainsi révélée de l'expérience.

Qu'il y ait « double registre », selon la formule de Jean Rousset, dans les romans de Marivaux, sans aucun doute. Mais il convient de ne pas oublier qu'entre conscience spectatrice et conscience jouissante, les limites sont toujours indécises, et qu'à écrire sa vie, Marianne renouvelle un plaisir qui est aussi celui de constater qu'elle ne saurait réduire à un être simple les facettes de son intéressante personnalité. Au lecteur de choisir et de décider. Il peut paraître plus discutable d'appliquer l'expression de « double registre » au rapport entre serviteurs et maîtres, en supposant aux premiers une intelligence des mobiles secrets des seconds. Dubois, comme d'autres serviteurs, sait de ses maîtres quelque chose qu'ils ne savent pas eux-mêmes : mais il n'en sait pas tout, est aidé par le hasard dans son projet et ne prévoit pas l'aveu final. Ce qu'il en sait n'est peut-être pas le plus secret.

Dans le *Spectateur,* Marivaux avait découvert la positivité d'un amour-propre susceptible de venir au secours de la vertu. Parallèlement, il affirme le caractère dynamique d'une apparence même d'abord supposée trompeuse : déguisé par son bel habit et son épée, le petit paysan Jacob se met à ferrailler au coin d'une rue pour défendre un inconnu. On a vu ce qu'il en était pour Dorante. Ses ennemis, tout au long de la pièce, s'acharnent à dire qu'il « n'a pas l'air d'un intendant ». Les intendants ont-ils un air ? Il existe en tout cas un discours, peut-être une confuse typologie des intendants, avec ou sans rapport avec la réalité. Peut-être est-ce son rapport à ce discours qui a fait que Dorante n'est pas devenu *réellement* intendant. Et lui permet, effectivement, de devenir autre chose qu'un intendant. Une manière, en somme, de respecter la convenance énoncée par le Comte et Mme Argante, même si cette manière n'est pas de leur goût. Finalement les opposants eux-mêmes collaborent aux effets de cette beauté de Dorante, signifiée par tant de discours et de demandes en mariage, et finissent par donner réalité à sa vocation de héros de roman. Araminte cède à une tentation que d'autres avant elles ont déclaré légitime.

Inversement, ce n'est peut-être qu'à force d'être déclaré honnête homme que Dorante le devient enfin...

Si le trajet réel est toujours d'une apparence à une autre, le propre de l'homme est cependant de croire toucher à l'être, en lui-même ou en l'autre, et particulièrement en amour. Le sentiment de l'être se produit au moment où le sujet bute contre une absence de langage, une incapacité à se représenter ce qui lui survient et où il s'efforce de la combler, découvrant avec ivresse le mot juste : « Je vois clair dans mon cœur. » L'être ne serait rien d'autre dans cette perspective que ce qui demande à être nommé, représenté, à se transformer en apparence. Encore faut-il qu'il y ait question sur le langage. Dans sa dernière pièce, les *Acteurs de bonne foi,* Marivaux évoquera le cas extrême de ces comédiens amateurs qui à jouer une scène amoureuse, deviennent amoureux pour de bon, l'être devenant produit du langage. On reconnaît « l'âme mécanique » du peuple (ce sont des paysans...). Tous les personnages de toutes les pièces ne font peut-être en définitive rien d'autre. Du moins la très grande majorité parvient-elle à ignorer ce vertigineux empire des apparences et du langage.

Dans ces conditions, la prétention à se connaître et à se dire aux autres ne saurait, bien entendu, que manquer son objectif. Elle touche au ridicule, avec l'original Ergaste qui, dans les *Sincères,* ne cherche par là qu'à se distinguer, et même avec le philosophe Hermocrate, du *Triomphe de l'amour,* voué à jouer le rôle du barbon amoureux. Mais elle ne manque pas de grandeur aussi : Ergaste est un Don Quichotte capable de décider contre lui-même dans un procès, et Hermocrate est capable d'envisager l'étendue de son erreur et la violence de sa passion. L'un et l'autre savent du moins qu'il y a un langage à inventer, parce qu'il y a quelque chose à désigner qui n'est pas le langage lui-même.

Ce qu'il y a de troublant dans l'expérience d'Araminte, c'est qu'au moment où elle a le sentiment de toucher à l'être (le sien, celui de l'autre), au moment de son aveu, ce même Dorante qui lui a fourni le mot *aimer* (qu'elle ne prononce pas elle-même) vient lui révéler que rien de ce qui s'est passé entre eux n'était vrai. Avant qu'elle reprenne la parole, Marivaux a marqué un instant de silence. En cet instant, on peut imaginer qu'Araminte saisisse combien Dorante et elle-même sont les produits de l'apparence, à quel point ils n'ont cessé d'être gouvernés par un langage qui n'appartient à personne, et n'ont cessé d'être en somme, eux aussi, des « acteurs de bonne foi. » Lorsqu'Araminte parle à nouveau, ce n'est pas sur le mode de l'extase, ni pour reprendre une quête de l'être à travers cette nouvelle série d'apparences. C'est, de façon inattendue et raisonnante, pour justifier cette nouvelle fiction, l'envisager par le regard des autres, non sans que soit marqué quelque détachement : « Après tout, puisque vous m'aimez véritablement... » Les autres amoureux, chez Marivaux, ne font rien d'autre sans doute que donner corps à une apparence. La différence avec Araminte est qu'elle semble le savoir. Et qu'elle décide, volontairement, de continuer. Décision esthétique, en quelque sorte. La vie est un songe. Peut-être valait-il mieux l'ignorer. Peut-être, à force de faire semblant, parvient-on aussi à ignorer ce qu'on sait, à oublier ce débarquement dans le « rien », si bien célébré autrefois par l'auteur de *Pharsamon*.

Entendre, en somme, peut-être, dans le silence d'Araminte, le Prospero de Shakespeare : « Nous sommes faits de l'étoffe dont sont faits les rêves... »

ÉLÉMENTS DE BIBLIOGRAPHIE

1. Éditions des « Fausses Confidences »

- *Courantes :* à signaler, celle des Classiques Larousse, par Roland Morisse.
- *Savantes :* H.T. Mason, Oxford University Press, 1964.
  F. Deloffre : *Théâtre complet,* Classiques Garnier, vol. II, 1968.
- *Sur la pièce :* Jacques Scherer : « Analyse et mécanisme des *Fausses Confidences* », in *Cahiers Renaud-Barrault* n° 28, Paris, juillet 1960.

2. Autres œuvres de Marivaux pouvant éclairer les « Fausses Confidences »

- Les meilleures éditions ont été procurées par F. Deloffre : *La Vie de Marianne, le Paysan Parvenu,* (Classiques Garnier — cf. édition de M. Gilot dans G.F.), le *Théâtre Complet (id.),* les *Journaux et œuvres diverses* (en collaboration avec M. Gilot, Classiques Garnier), les *Œuvres de jeunesse* (Pléiade).

- Lectures recommandées pour une meilleure compréhension des *Fausses Confidences :* parmi les romans, le *Paysan Parvenu ;* dans les *Journaux :* les *Lettres sur les habitants de Paris,* le *Spectateur français* (notamment feuilles 1, 2, 14, 16), L'*Indigent philosophe* (début) ; dans le théâtre : *Arlequin poli par l'amour,* le *Prince travesti, la Fausse Suivante, le Triomphe de l'amour, le Legs, l'Épreuve.*

3. Études sur le théâtre de Marivaux

M. DEGUY : *La Machine matrimoniale ou Marivaux,* Gallimard, 1981.
B. DORT : « Marivaux. A la recherche de l'amour et de la vérité », *Théâtre public,* 1967.
J.B. RATERMANIS, *Étude sur le comique dans le théâtre de Marivaux,* Droz, 1961.
J. SCHÉRER, « Le jeu de la vérité et les jeux du langage dans le théâtre de Marivaux », en tête de l'édition *Intégrale* du Seuil, 1964.

• *Études sur l'ensemble ou d'autres parties de l'œuvre :*
N. BONHOTE : *Marivaux ou les machines de l'Opéra. Étude de sociologie de la littérature,* Lausanne, 1974.
H. COULET : *Marivaux romancier,* Colin, 1976.
H. COULET et M. GILOT : *Marivaux, un humanisme expérimental,* Larousse, 1973.
F. DELOFFRE : *Un préciosité nouvelle, Marivaux et le marivaudage,* Colin, 1955.

• Dans les histoires de la littérature française, à signaler les textes de J. Segard (A. Colin) et J. Ehrard (Arthaud).

• État des études : *Information Littéraire* : n° XVI, 1964, par F. Deloffre; n° XXXI, 1979, par H. Coulet. *Bulletin* de la Société française d'Études du XVIIIe siècle, n° 46, 1983, par M. Gilot.

Ci-dessus : Emmanuelle Riva (Araminte) et Isabelle Sadoyan (Mme Argante), dans *les Fausses Confidences* ; mise en scène de Jacques Lassalle au Théâtre Gérard-Philippe, en octobre 1979. *(Cliché Bernand.)*

A gauche : Emmanuelle Riva (Araminte) et Pascale Bardet (Marton). *(Cliché Bernand.)*

Dossier

A. TEXTES DE MARIVAUX

Amour-propre

L'amour-propre est à peu près à l'esprit ce qu'est la forme à la matière. L'un suppose l'autre. Tout esprit a donc de l'amour-propre, comme toute portion de matière a sa forme : de même aussi que toute portion de matière est pliable à une forme plus ou moins fine et variée, suivant qu'elle est plus ou moins fine et délicate elle-même, de même encore notre amour-propre est-il plus ou moins subtil, suivant que notre esprit a lui-même plus ou moins de finesse.

Ces principes établis, concluons que l'auteur excellent est de tous les auteurs celui dont l'amour-propre est le plus subtil.

Lettre sur les habitants de Paris (1718).

Amour et argent

Les prudences de l'homme riche.

FRONTIN. — Doucement. Vous êtes le fils d'un riche négociant qui vous a laissé plus de cent mille livres de rente, et vous pouvez prétendre aux plus grands partis ; le minois dont vous parlez est-il fait pour vous appartenir en légitime mariage ? Riche comme vous êtes, on peut se tirer de là à meilleur marché, ce me semble.

LUCIDOR. — Tais-toi ; tu ne connais point celle dont tu parles. Il est vrai qu'Angélique n'est qu'une simple bourgeoise de campagne ; mais originairement elle me vaut bien, et je n'ai pas l'entêtement des grandes alliances ; elle est d'ailleurs si aimable, et je démêle, à travers son innocence, tant d'honneur et tant de vertu en elle, elle a naturellement un caractère si distingué, que, si elle m'aime, comme je le crois, je ne serai jamais qu'à elle.

FRONTIN. — Comment ! si elle vous aime ? Est-ce que cela n'est pas décidé ?

LUCIDOR. — Non ; il n'a pas encore été question du mot d'amour entre elle et moi ; je ne lui ai jamais dit que je l'aime, mais toutes mes façons n'ont signifié que cela ; toutes les siennes n'ont été que des expressions du penchant le plus tendre et le plus ingénu. Je tombai malade trois jours après mon arrivée, j'ai été même en quelque danger ; je l'ai vue inquiète, alarmée, plus changée que moi ; j'ai vu des larmes couler de ses yeux, sans que sa mère s'en aperçût ; et, depuis que la santé m'est revenue, nous continuons de même ; je l'aime toujours, sans le lui dire ; elle m'aime aussi, sans m'en parler, et sans vouloir cependant m'en faire un secret ; son cœur simple, honnête et vrai, n'en sait pas davantage.

FRONTIN. — Mais vous, qui en savez plus qu'elle, que ne mettez-vous un petit mot d'amour en avant ? Il ne gâterait rien.

LUCIDOR. — Il n'est pas temps ; tout sûr que je suis de son cœur, je veux savoir à quoi je le dois, et si c'est l'homme riche, ou seulement moi qu'on aime : c'est ce que j'éclaircirai par l'épreuve où je vais la mettre. Il m'est encore permis de n'appeler qu'amitié tout ce qui est entre nous deux ; et c'est de quoi je vais profiter.

L'Épreuve (1740).

L'âme mercenaire.

LA COMTESSE. — Vous avez donc l'âme mercenaire aussi, mon petit-cousin ? Je ne m'étonne plus de l'inclination que vous avez l'un pour l'autre. Oui, vous êtes digne d'elle ; vos cœurs sont bien assortis. Ah ! l'horrible façon d'aimer !

LE CHEVALLIER. — Madame, la vraie tendresse ne raisonne pas autrement que la mienne.

LA COMTESSE. — Ah ! Monsieur, ne prononcez pas seulement le mot de tendresse, vous le profanez.

LE CHEVALIER. — Mais...

LA COMTESSE. — Vous me scandalisez, vous dis-je. Vous êtes mon parent malheureusement, mais je ne m'en vanterai point. N'avez-vous pas de honte ? Vous parlez de votre fortune, je la connais ; elle vous met fort en état de supporter le retranchement d'une aussi misérable somme que celle dont il s'agit, et qui ne peut jamais être que mal acquise. Ah ! ciel ! moi qui vous estimais ! Quelle avarice sordide ! Quel cœur sans sentiment ! Et de pareils gens disent qu'ils aiment ! Ah ! le vilain amour ! Vous pouvez vous retirer ; je n'ai plus rien à vous dire.

Le Legs (1736).

L'Amour en ses débuts

Je rencontrai tout à coup cet objet encore confus de mes pensées, ce jeune homme dont j'étais si occupée.

Je demeurai presque immobile à sa vue, je le sentis aimable, je rougis en le sentant ; et cependant, mon amour alors me parut moins naître que continuer.

Il m'aborda de son côté d'une façon si interdite que je vis qu'il m'aimait aussi, et que même il m'aimait depuis qu'il m'avait vue ; je ne doutai pas qu'il ne fût dans un trouble égal au mien, qu'il ne pensât comme moi, qu'il n'eût mes mouvements, mes réflexions ; qu'enfin il ne fût pour moi ce que j'étais pour lui, et par bizarrerie surprenante, tout cela se trouva vrai.

Son embarras me frappa ; le mien l'intimida, parce qu'il le comprit ; une intelligence mutuelle nous donna la clef de nos cœurs ; nous nous dîmes que nous nous aimions, avant que d'avoir parlé, et nous en fûmes tous deux si étonnés, que nous nous hâtâmes de nous quitter pour nous remettre.

Le Spectateur français : neuvième feuille (1722).

La naissance de l'amour.

Je n'ai de ma vie été agitée. Je ne saurais vous définir ce que je sentais.

C'était un mélange de trouble, de plaisir et de peur ; oui, de peur, car une fille qui en est là-dessus à son apprentissage ne sait point où tout cela la mène : ce sont des mouvements inconnus qui l'enveloppent, qui disposent d'elle, qu'elle ne possède point, qui la possèdent ; et la nouveauté de cet état l'alarme. Il est vrai qu'elle y trouve du plaisir, mais c'est un plaisir fait comme un danger, sa pudeur même en est effrayée ; il y a là quelque chose qui la menace, qui l'étourdit, et qui prend déjà sur elle.

On se demanderait volontiers dans ces instants-là : que vais-je devenir ? Car, en vérité, l'amour ne nous trompe point : dès qu'il se montre, il nous dit ce qu'il est, et de quoi il sera question ; l'âme, avec lui, sent la présence d'un maître qui la flatte, mais avec une autorité déclarée qui ne la consulte pas, et qui lui laisse hardiment les soupçons de son esclavage futur.

Voilà ce qui m'a semblé de l'état où j'étais, et je pense aussi que c'est l'histoire de toutes les jeunes personnes de mon âge en pareil cas.

La Vie de Marianne (1734).

La bataille des contraires.

L'AMOUR. — De grâce, écoutez-moi, Déesse. Qu'est-ce que c'était autrefois que l'envie de plaire ? Je vous en atteste vous-même. Qu'est ce que c'était que l'amour ? je l'appelais tout à l'heure une passion : c'était une vertu, Déesse ; c'était du moins l'origine de toutes les vertus ensemble. La nature me présentait des hommes grossiers, je les polissais ; des féroces, je les humanisais ; des fainéants, dont je ressuscitais les talents enfouis dans l'oisiveté et dans la paresse. Avec moi, le méchant rougissait de l'être. L'espoir de plaire, l'impossibilité d'y arriver autrement que par la vertu, forçaient son âme à devenir estimable. De mon temps, la Pudeur était la plus estimable des Grâces.

CUPIDON. — Eh bien ! il ne faut pas faire tant de bruit ; c'est encore de même. Je n'en connais point de si piquante, moi, que la Pudeur. Je l'adore, et mes sujets aussi. Ils la trouvent si charmante, qu'ils la poursuivent partout où ils la trouvent. Mais je m'appelle l'Amour ; mon métier n'est pas d'avoir soin d'elle. Il y a le Respect, la Sagesse, l'Honneur, qui sont commis à sa garde ; voilà ses officiers ; c'est à eux à la défendre du danger qu'elle court ; et ce danger, c'est moi. Je suis fait pour être ou son vainqueur ou son vaincu. Nous ne saurions vivre autrement ensemble ; et sauve qui peut. Quand je la bats, elle me le pardonne ; quand elle me bat, je ne l'en estime pas moins, et elle ne m'en hait pas davantage. Chaque chose a son contraire ; je suis le sien. C'est sur la bataille des contraires que tout roule dans la nature. Vous ne savez pas cela, vous ; vous n'êtes point philosophe.

La Réunion des Amours (1731).

La femme

La condition féminine.

Les hommes disent que les femmes ont la faiblesse en partage ; cela peut être vrai en soi. Mais avons-nous droit de le dire, ou même de le croire ? Examinons, par exemple, la distribution des devoirs que nous avons faite dans le mariage entre des créatures si faibles, et nous qui sommes si forts ; et nous verrons si la balance est égale.

Marions une fille à un brutal : il n'y a que trop de ces messieurs-là ; de quel ton quelquefois ne parle-t-il pas à sa femme ? Taisez-vous, Madame ; je le veux ; laissez-moi en repos ; vous ne savez ce que vous dites ; je le veux.

Que ce superbe *je le veux* est humiliant ! Le dernier des esclaves s'y accoutume-t-il ? Y a-t-il d'âme pour qui il ne soit pas sanglant ? il écrase l'amour-propre ; et j'ai pitié d'une femme dont on outrage jusque-là la dignité de compagne, dont on anéantit la volonté jusqu'à cet excès.

L'infortunée se plaint-elle ? (vous diraient les femmes) c'est encore pis ; le brutal s'en offense. Se révolte-t-elle à force de récidive ? Elle est perdue ; les lois l'attendent pour la condamner, pour la punir de n'avoir pas la force de mourir dans le silence. (...)

Une femme se comporte mal ; elle a des amants ; elle trahit la fidélité conjugale. Point de quartier pour elle : on l'enferme, on la séquestre, on la réduit à une vie dure et frugale, on la déshonore, et elle le mérite.

Mais que fait-on à un mari qui est infidèle, qui a des maîtresses, qui vit avec elles, qui se ruine pour elles, lui, sa femme et ses enfants ? Que lui fait-on ? Le voilà dans le cas où l'on enferme sa femme.

Et remarquez que cette femme a caché son libertinage autant qu'elle a pu ; elle était même hypocrite, de peur d'être scandaleuse. Son vice était timide, il se sauvait dans les ténèbres, à peine en a-t-elle joui.

Jetez les yeux sur un mari infidèle. Y a-t-il rien de plus effronté que son libertinage ? Prend-il quelques mesures pour le cacher à sa femme ? Eh ! qu'importe qu'elle le sache ? Il en sera quitte pour la voir pleurer. Le cachera-t-il à ses amis ? Ils n'en feront que rire. Aux indifférents ? Que lui diraient-ils ? N'est-il pas le maître de ses actions ? Ne lui est-il pas permis de corrompre les mœurs, et de donner des exemples de vice ? Bagatelle que tout cela.

Mais sa femme est punie, encore une fois. Eh ! que lui fait-on, à lui ? Nous le demandons. Que lui en arrive-t-il ?

Où sont les maris qu'on enferme, qu'on séquestre ? Sont-ils seulement déshonorés dans le monde ? Point du tout. (...) Que les hommes aient l'audace de nous mépriser comme faibles, pendant qu'ils prennent pour eux toute la commodité des vices, et qu'ils nous laissent toute la difficulté des vertus, en vérité cela n'est-il pas absurde ?

Nous accusons les femmes d'être coquettes, d'être fourbes et méchantes. Laissons-les parler là-dessus.

Si notre coquetterie est un défaut, tyrans que vous êtes (nous diraient-elles), qui devons-nous en accuser que les hommes ?

Nous avez-vous laissé d'autres ressources que le misérable emploi de vous plaire ?

Nous sommes méchantes, dites-vous ? Osez-vous nous le reprocher ? Dans la triste privation de toute autorité où vous nous tenez, de tout exercice qui nous occupe, de tout moyen de nous faire craindre comme on vous craint, n'a-t-il pas fallu qu'à force d'esprit et d'industrie, nous nous dédommageassions des torts que nous fait votre tyrannie ? Ne sommes-nous pas vos prisonnières ; et n'êtes-vous pas nos geôliers ? Dans cet état, que nous reste-t-il, que la ruse ? Que nous reste-t-il, qu'un courage impuissant, que vous réduisez à la honteuse nécessité de devenir finesse ? Notre malice n'est que le fruit de la dépendance où nous sommes. Notre coquetterie fait tout notre bien. Nous n'avons point d'autre fortune que de trouver grâce devant vos yeux. Nos propres parents ne se défont de nous qu'à ce prix-là ; il faut vous plaire, ou vieillir ignorées dans leurs maisons : nous n'échappons à votre oubli, à vos mépris, que par ce moyen ; nous ne sortons du néant, nous ne saurions vous tenir en respect, faire figure, être quelque chose, qu'en nous faisant l'affront de substituer une industrie humiliante, et quelquefois des vices, à la place des qualités, des vertus que nous avons, dont vous ne faites rien, et que vous tenez captives.

Le Cabinet du philosophe, cinquième feuille (1734).

La femme et l'amour.

ARLEQUIN. — Oh ! cela est vrai ; il n'y a, pardi ! pas de livre qui ait tant d'esprit qu'une femme, quand elle est en corset et en petites pantoufles.

LÉLIO. — Quel aimable désordre d'idées dans la tête ! que de vivacité ! quelles expressions ! que de naïveté ! L'homme a le bon sens en partage ; mais, ma foi, l'esprit n'appartient qu'à la femme. A l'égard de son cœur, ah ! si les plaisirs qu'il nous donne étaient durables, ce serait un séjour délicieux que la terre. Nous autres hommes, la plupart, nous sommes jolis en amour : nous nous répandons en petits sentiments doucereux ; nous avons la marotte d'être délicats, parce que cela donne un air plus tendre ; nous faisons l'amour réglément, tout comme on fait une charge ; nous nous faisons des méthodes de tendresse ; nous allons chez une femme, pourquoi ? pour l'aimer, parce que c'est le devoir de notre emploi. Quelle pitoyable façon de faire ! Une femme ne veut être ni tendre, ni délicate, ni fâchée, ni bien aise ; elle est tout cela sans le savoir, et cela est charmant. Regardez-la quand elle aime, et qu'elle ne veut pas le dire ; morbleu ! nos tendresses les plus babillardes approchent-elles de l'amour qui passe à travers son silence ?

ARLEQUIN. — Ah ! Monsieur, je m'en souviens, Margot avait si bonne grâce à faire comme cela la nigaude !

LÉLIO. — Sous l'aiguillon de l'amour et du plaisir, notre cœur, à nous autres, est un vrai paralytique : nous restons là comme des eaux dormantes, qui attendent qu'on les remue pour se remuer. Le cœur d'une femme se donne sa secousse à lui-même ; il part sur un mot qu'on dit, sur un mot qu'on ne dit pas, sur une contenance. Elle a beau vous avoir dit qu'elle aime ; le répète-t-elle ? vous l'apprenez toujours, vous ne le saviez pas encore : ici par une impatience, par une froideur, par une imprudence, par une distraction, en baissant les yeux, en les relevant, en sortant de sa place, en y restant ; enfin c'est de la jalousie, du calme, de l'inquiétude, de la joie, du babil, et du silence de toutes couleurs ; et le moyen de ne pas s'enivrer du plaisir que cela donne ? le moyen de se voir adorer sans que la tête vous tourne ? Pour moi, j'étais tout aussi sot que les autres amants ; je me croyais un petit prodige, mon mérite m'étonnait ; ah ! qu'il est mortifiant d'en rabattre !

La Surprise de l'amour (1722).

L'instinct de plaire.

Nous avons deux sortes d'esprits, nous autres femmes. Nous avons d'abord le nôtre, qui est celui que nous recevons de la nature, celui qui nous sert à raisonner, suivant le degré qu'il a, qui devient ce qu'il peut, et qui ne sait rien qu'avec le temps.

Et puis nous en avons encore un autre, qui est à part du nôtre, et qui peut se trouver dans les femmes les plus sottes. C'est l'esprit que la vanité de plaire nous donne, et qu'on appelle, autrement dit, la coquetterie.

Oh ! celui-là, pour être instruit, n'attend pas le nombre des années : il est fin dès qu'il est venu ; dans les choses de son ressort, il a toujours la théorie de ce qu'il voit mettre en pratique. C'est un enfant de l'orgueil qui naît tout élevé, qui manque d'abord d'audace, mais qui n'en pense pas moins. Je crois qu'on peut lui enseigner des grâces et de l'aisance ; mais il n'apprend que la forme, et jamais le fond. Voilà mon avis.

Et c'est avec cet esprit-là que j'expliquais si bien les façons de ces femmes ; c'est encore lui qui me faisait entendre les hommes ; car, avec une extrême envie d'être de leur goût, on a la clef de tout ce qu'ils font pour être du nôtre, et il n'y aura jamais d'autre mérite à tout cela que d'être vaine et coquette...

La Vie de Marianne (1734).

Fortune

Éloge de la vertu.

Je n'ai plus qu'une chose à vous dire : c'est d'être toujours sage. Je vous ai élevée dans l'amour de la vertu ; si vous gardez votre éducation, tenez, Marianne, vous serez héritière du plus grand trésor qu'on puisse vous laisser : car avec lui, ce sera vous, ce sera votre âme qui sera riche. Il est vrai, mon enfant, que cela n'empêchera pas que vous ne soyez pauvre du côté de la fortune et que vous n'ayez encore de la peine à vivre ; peut-être aussi Dieu récompensera-t-il votre sagesse dès ce monde. Les gens vertueux sont rares, mais ceux qui estiment la vertu ne le sont pas ; d'autant plus qu'il y a mille occasions dans la vie où l'on a absolument besoin des personnes qui en ont. Par exemple, on ne veut se marier qu'à une honnête fille : est-elle pauvre ? on n'est point déshonoré en l'épousant ; n'a-t-elle que des richesses sans vertu ? on se déshonore ; et les hommes seront toujours dans cet esprit-là, cela est plus fort qu'eux, ma fille ; ainsi vous trouverez quelque jour votre place ; et d'ailleurs, la vertu est si douce, si consolante dans le cœur de ceux qui en ont ! Fussent-ils toujours pauvres, leur indigence dure si peu, la vie est si courte ! Les hommes qui se moquent le plus de ce qu'on appelle sagesse traitent pourtant si cavalièrement une femme qui se laisse séduire, ils acquièrent des droits si insolents avec elle, ils la punissent tant de son désordre, ils la sentent si dépourvue contre eux, si désarmée, si dégradée, à cause qu'elle a perdu cette vertu dont ils se moquaient, qu'en vérité, ma fille, ce n'est que faute d'un peu de réflexion qu'on se dérange. Car, en y songeant, qui est-ce qui voudrait cesser d'être pauvre, à condition d'être infâme ? »

La Vie de Marianne (1734).

Un revers de fortune.

« Je suis une fille de famille ; mon père avait une charge assez considérable en province ; il mourut, il y a trois ans. Le jeu avait dérangé ses affaires, et ma mère est restée veuve, chargée de trois filles, dont je suis l'aînée. Nous sommes venues à Paris, ma mère et moi, après avoir vendu tout ce qui nous restait, pour hâter la décision d'un procès dont le gain nous rétablirait. Il y a dix-huit mois que nous sommes ici. Notre partie, qui est puissante, et qui prévoit qu'un arrêt ne lui peut être favorable, a eu assez de crédit pour le reculer ; ces longueurs ont consommé ce que nous avions. Dans cette extrémité, nous avons tenté de nous jeter aux pieds de nos juges pour implorer leur justice ; mais au Palais, nous les avons toujours trouvé entourés de clients, parmi lesquels nous n'osions nous mêler, mal vêtues comme nous sommes ; et chez eux, soit que notre figure ne s'attirât pas l'attention de leurs domestiques, ou que nous vinssions à de mauvaises heures, on nous a toujours dit que ces messieurs étaient absents ou occupés ; de sorte que nous n'avons nul appui. On néglige de travailler pour nous, parce que nous n'avons point de quoi payer ; enfin, monsieur, la misère où nous sommes tombées, le chagrin, le mauvais air, et l'obscurité du lieu où nous logeons ; la douleur de me voir souffrir moi-même, et le grand âge, ont entièrement abattu ma mère ; elle est malade, et tout lui manque, et moi, qui suis au désespoir de la voir dans cet état-là, il faut, monsieur, que je combatte encore mon amour et ma compassion pour elle. Si je les écoute, je suis perdue. Un riche bourgeois m'offre tous les secours possibles ; mais quels secours, monsieur ! ils sauveraient la vie à ma mère ; ils déshonoreraient éternellement la mienne. Voilà mon état ; en est-il de plus terrible ? J'aime ma mère, et je lui suis chère ; elle meurt, cela me fait trembler pour nous deux. Dans mon affliction, je lui ai dit les offres de l'homme dont je vous parle. A mon récit, j'ai cru qu'elle allait expirer entre mes bras ; elle m'a baignée de ses larmes ; elle a jeté sur moi des yeux tout égarés, et s'est retournée de l'autre côté, sans me dire une seule parole. Je ne sais pourquoi, je ne l'ai point pressée de me parler ; il semble que cette femme vertueuse ait perdu tout courage, et succombe sous notre malheur ; et moi, je voudrais mourir pour être délivrée du péril de la voir. »

Tout honnête homme sentira combien les discours de cette fille ont dû me toucher. Je lui ai donné ce que j'ai pu ; j'ai joint à cela les conseils que j'ai cru les plus convenables, et me suis retiré chez moi presque aussi affligé qu'elle.

Qu'il est triste de voir souffrir quelqu'un, quand on n'est point en état de le secourir, et qu'on a reçu de la nature une âme sensible qui pénètre toute l'affliction des malheureux, qui l'approfondit involontairement, pour qui c'est comme une nécessité de la comprendre, et de ne rien perdre de la douleur qui peut en rejaillir sur elle-même !

Juste Ciel ! quels sont donc les desseins de la Providence dans le partage mystérieux qu'elle fait des richesses ? Pourquoi les prodigue-t-elle à des hommes sans sentiment, nés durs et impitoyables, pendant qu'elle en est avare pour les hommes généreux et compatissants, et qu'à peine leur a-t-elle accordé le nécessaire ? Que peuvent, après cela, devenir les malheureux qui par là n'ont de ressource ni dans l'abondance des uns ni dans la compassion des autres ?

Le Spectateur français, quatrième feuille (1722).

Le gueux au miroir.

Mais c'est assez moraliser, laissons-là les folies des hommes ; et si nous en faisons, comme absolument il en faut faire, du moins n'en faisons que de celles qui divertissent. Par exemple, j'ai mangé tout mon bien, moi : eh bien ! c'est une grande folie, je ne conseille à personne de la faire ; car pour avoir du plaisir, il n'est pas nécessaire de se ruiner, ni de devenir pauvre : la pauvreté est une cérémonie qu'on peut retrancher, ce n'est pas elle qui m'a rendu joyeux et content comme je le suis ; je l'étais avant que d'avoir tout mangé ; mais si j'avais à recommencer, si on me remettait dans mon premier état, j'aimerais mieux faire des folies ruineuses, qui seraient du moins gaies pendant qu'elles dureraient, que de faire de ces folies tristes, dures et meurtrières ; j'aimerais mieux avoir le plaisir d'être fou, que d'avoir la douleur de faire le sage, avec tout l'honneur qui m'en reviendrait.

A propos de folies, l'autre jour je me trouvai dans une salle où un homme charitable de la ville assemble quelquefois des pauvres pour leur distribuer de l'argent, et d'autres charités. Il y avait un grand miroir dans cette salle ; je m'en approchai, pour voir un peu ma figure, qu'il y avait longtemps que je n'avais vue : j'étais si barbouillé que cela me fit rire, car il faut tirer parti de tout ; je me regardais comme on regarde un tableau, et je voyais bien à ma physionomie que j'avais dû me ruiner, et il n'y avait pas l'ombre de prudence dans ce visage-là, pas un trait qui fit espérer qu'il y en aurait un jour ; c'était le vrai portrait de l'homme sans souci, et qui dit : N'ai-je rien ? je m'en moque. Voilà donc celui qui qui a mangé tout mon bien, dis-je en m'approchant de ma figure ; voilà le libertin qui me fait porter des guenilles, et qui ne s'en soucie guère ; voyez-vous le fripon ? tout ce qu'il a fait, il le ferait encore.

L'Indigent philosophe (1727).

La fortune ou l'amour ?

TRIVELIN. — Maison à la ville, maison à la campagne.

ARLEQUIN. — Ah ! que cela est beau ! Il n'y a qu'une chose qui m'embarrasse ; qui est-ce qui habitera ma maison de ville, quand je serai à ma maison de campagne ?

TRIVELIN. — Parbleu ! vos valets.

ARLEQUIN. — Mes valets ? Qu'ai-je besoin de faire fortune pour ces canailles-là ? Je ne pourrai donc pas les habiter toutes à la fois ?

TRIVELIN, *riant*. — Non, que je pense ; vous ne serez pas en deux endroits en même temps.

ARLEQUIN. — Eh bien ! innocent que vous êtes, si je n'ai pas ce secret-là, il est inutile d'avoir deux maisons.

TRIVELIN. — Quand il vous plaira, vous irez de l'une à l'autre.

ARLEQUIN. — A ce compte, je donnerai donc ma maîtresse pour avoir le plaisir de déménager souvent ?

TRIVELIN. — Mais rien ne vous touche ; vous êtes bien étrange ! Cependant tout le monde est charmé d'avoir de grands appartements, nombre de domestiques...

ARLEQUIN. — Il ne me faut qu'une chambre ; je n'aime point à nourrir des fainéants, et je ne trouverai point de valet plus fidèle, plus affectionné à mon service que moi.

TRIVELIN. — Je conviens que vous ne serez point en danger de mettre ce domestique-là dehors ; mais ne seriez-vous pas sensible au plaisir d'avoir un bon équipage, un bon carrosse, sans parler de l'agrément d'être meublé superbement ?

ARLEQUIN. — Vous êtes un grand nigaud, mon ami, de faire entrer Sylvia en comparaison avec des meubles, un carrosse et des chevaux qui le traînent ! Dites-moi, fait-on autre chose dans sa maison que s'asseoir, prendre ses repas et se coucher ? Eh bien ! avec un bon lit, une bonne table, une douzaine de chaises de paille, ne suis-je pas bien meublé ? N'ai-je pas toutes mes commodités ? Oh ! mais je n'ai point de carrosse ! Eh bien, je ne verserai point. *(En montrant ses jambes.)* Ne voilà-t-il pas un équipage que ma mère m'a donné ? n'est-ce pas de bonnes jambes ? Eh ! morbleu, il n'y a pas de raison à vous d'avoir une autre voiture que la mienne. Alerte, alerte, paresseux ; laissez vos chevaux à tant d'honnêtes laboureurs, qui n'en ont point ; cela nous fera du pain ; vous marcherez, et vous n'aurez pas les gouttes.

TRIVELIN. — Têtubleu, vous êtes vif ! Si l'on vous en croyait, on ne pourrait fournir les hommes de souliers.

ARLEQUIN, *brusquement.* — Ils porteraient des sabots.

La Double Inconstance (1724).

La richesse et les honneurs.

Il y a deux sortes d'ambition : celle d'amasser du bien, celle d'amasser des honneurs. Il y a des gens qui n'ont que la première ; d'autres, que la seconde ; d'autres, qui les ont toutes deux. Les premiers sont des avares que je méprise : ils n'ont point d'âme ; les seconds sont des superbes qui en ont trop ; les troisièmes sont des âmes ordinaires ; le monde en est plein : gens qui voudraient de tout, mais rien avec assez d'ardeur.

Les premiers sont toujours en danger d'être fripons, et le sont souvent ; les seconds, quoique généreux, toujours en danger d'être méchants, et le sont, quand il faut ; les troisièmes, communément n'ont ni assez de force pour être méchants, ni assez d'avarice pour être fripons.

Je serais tenté d'estimer les seconds, s'ils n'étaient pas dangereux ; les troisièmes ne méritent pas qu'on les remarque ; il n'y a que les premiers de méprisables.

Le Cabinet du philosophe,
onzième feuille.

« Pierre qui roule »...

TRIVELIN. — Depuis quinze ans que je roule dans le monde, tu sais combien je me suis tourmenté, combien j'ai fait d'efforts pour arriver à un état fixe. J'avais entendu dire que les scrupules nuisaient à la fortune ; je fis trêve avec les miens, pour n'avoir rien à me reprocher. Étaient-il question d'avoir de l'honneur ? J'en avais. Fallait-il être fourbe ? j'en soupirais, mais j'allais mon train. Je me suis vu quelquefois à mon aise ; mais le moyen d'y rester avec le jeu, le vin et les femmes ? Comment se mettre à l'abri de ces fléaux-là ?

FRONTIN. — Cela est vrai.

TRIVELIN. — Que te dirai-je enfin ? Tantôt maître, tantôt valet ; toujours prudent, toujours industrieux ; ami des fripons par intérêt, ami des honnêtes gens par goût ; traité poliment sous une figure, menacé d'étrivières sous une autre ; changeant à propos de métier, d'habit, de caractère, de mœurs ; risquant beaucoup, résistant peu ; libertin dans le fond, réglé dans la forme ; démasqué par les uns, soupçonné par les autres, à la fin équivoque à tout le monde, j'ai tâté de tout ;

je dois partout ; mes créanciers sont de deux espèces : les uns ne savent pas que je leur dois ; les autres le savent et le sauront longtemps. J'ai logé partout, sur le pavé, chez l'aubergiste, au cabaret, chez le bourgeois, chez l'homme de qualité, chez moi, chez la justice, qui m'a souvent recueilli dans mes malheurs ; mais ses appartements sont trop tristes, et je n'y faisais que des retraites ; enfin, mon ami, après quinze ans e soins, de travaux et de peines, ce malheureux paquet est tout ce qui me reste ; voilà ce que le monde m'a laissé, l'ingrat ! après ce que j'ai fait pour lui ! tous ses présents, pas un pistole.

La Fausse suivante (1724).

Langage

Sur la sincérité.

LA MARQUISE. — Passion ! j'ai vu ce mot-là dans *Cyrus* ou dans *Cléopâtre*. Eh ! Dorante, vous n'êtes pas indigne qu'on vous aime ; vous avez de tout, de l'honneur, de la naissance, de la fortune, et même des agréments ; je dirai même que vous m'auriez peut-être plu ; mais je n'ai jamais pu me fier à votre amour ; je n'y ai point de foi, vous l'exagérez trop ; il révolte la simplicité de caractère que vous me connaissez. M'aimez-vous beaucoup ? ne m'aimez-vous guère ? Faites-vous semblant de m'aimer ? c'est ce que je ne saurais décider. Eh ! le moyen d'en juger mieux, à travers toutes les emphases ou toutes les impostures galantes dont vous l'enveloppez ? « Je ne sais plus que soupirer », dites-vous. Y a-t-il rien de si plat ? Un homme qui aime une femme raisonnable ne dit point : « Je soupire » ; ce mot n'est pas assez sérieux pour lui, pas assez vrai ; il dit : « Je vous aime ; je voudrais bien que vous m'aimassiez ; je suis bien mortifié que vous ne m'aimiez pas ; voilà tout ; et il n'y a que cela dans votre cœur non plus : vous n'y verrez, ni que vous m'adorez, car c'est parler en poète ; ni que vous êtes désespéré, car il faudrait vous enfermer ; ni que je suis cruelle, car je vis doucement avec tout le monde ; ni peut-être que je suis belle, quoique à tout prendre il se pourrait que je la fusse ; et je demanderai à Ergaste ce qui en est ; je compterai sur ce qu'il me dira : il est sincère ; c'est par là que je l'estime et vous me rebutez par le contraire.

DORANTE, *vivement*. — Vous me poussez à bout ; mon cœur est plus croyable qu'un misanthrope qui voudra peut-être passer pour sincère à vos dépens, et aux dépens de la sincérité même. A mon égard, je n'exagère point ; je dis que je vous adore, et cela est vrai ; ce que je sens pour vous ne s'exprime que par ce mot-là. J'appelle aussi mon amour une passion, parce que c'en est une ; je dis que votre raillerie me désespère, et je ne dis rien de trop ; je ne saurais rendre autrement la douleur que n'en ai, et s'il ne faut pas m'enfermer, c'est que je ne suisqu'affligé et non pas insensé. Il est encore vrai que je soupire et que je me meurs d'être méprisé : oui, je m'en meurs ; oui, vos railleries sont cruelles ; elles me pénètrent le cœur, et je le dirai toujours. Adieu, Madame ; voici Ergaste, cet homme si sincère, et je me retire ; jouissez à loisir de la froide et orgueilleuse tranquillité avec laquelle il vous aime.

LA MARQUISE, *le voyant s'en aller*. — Il en faut convenir ; ces dernières fictions-ci sont assez pathétiques.

Les Sincères (1739).

Le code du langage amoureux.

Allez dire à une femme que vous trouvez aimable et pour qui vous sentez de l'amour : *Madame, je vous désire beaucoup, vous me feriez grand plaisir de m'accorder vos faveurs.* Vous l'insulterez : elle vous appellera brutal.

Mais dites-lui tendrement : *Je vous aime, Madame, vous avez mille charmes à mes yeux :* elle vous écoute, vous la réjouissez, vous tenez le discours d'un homme galant.

C'est pourtant lui dire la même chose ; c'est précisément lui faire le même compliment : il n'y a que le tour de changé ; et elle le sait bien, qui pis est.

Non, me répondrez-vous, elle ne le sais pas, elle ne l'entend pas ainsi.

Et moi je vous dis qu'elle ne saurait l'entendre autrement, et que je défie de s'y tromper.

Rien de ce qu'il y a de grossier dans ce : *Je vous aime,* ne lui échappe. Vous dirai-je plus ? c'est ce grossier même qui fait le mérite de la chose, qui rend la déclaration si piquante et si flatteuse ; elle n'est de conséquence qu'à cause de cela.

Cette prude n'en baisse les yeux, ou n'en paraît effarouchée, que parce qu'elle est au fait. Cette dévote ne rougit, ne s'enfuit, ou ne se fâche, que parce qu'elle y est aussi (...).

Je le répète encore : toute femme entend qu'on la désire, quand on lui dit : *Je vous aime;* et ne vous sait bon gré du : *Je vous aime,* qu'à cause qu'il signifie : *Je vous désire.*

Il le signifie poliment, j'en souviens. Le vrai sens de ce discours-là est impur ; mais les expressions en sont honnêtes, et la pudeur vous passe le sens en faveur des paroles.

Quand le vice parle, il est d'une grossièreté qui révolte ; mais qu'il paraît aimable, quand la galanterie traduit ce qu'il veut dire !

Toutes ces traductions-là n'épargnent que les oreilles d'une femme ; car son âme n'en est pas la dupe.

Le Cabinet du philosophe, première feuille (1734).

Devenir ce que l'on joue...

Je me ressouviens bien qu'en lui parlant ainsi, je ne sentais rien en moi qui démentît mon discours. J'avoue pourtant que je tâchai d'avoir l'air et le ton touchant, le ton d'un homme qui pleure, et que je voulus orner un peu la vérité ; et ce qui est de singulier, c'est que mon intention me gagna tout le premier. Je fis si bien que j'en fus la dupe moi-même, et je n'eus plus qu'à me laisser aller sans m'embarrasser de rien ajouter à ce que je sentais ; c'était alors l'affaire du sentiment qui m'avait pris, et qui en sait plus que tout l'art du monde.

Aussi ne manquai-je pas mon coup ; je convainquis, je persuadai si bien Mlle Habert, qu'elle me crut jusqu'à en pleurer d'attendrissement, jusqu'à me consoler de la douleur que je témoignais, et jusqu'à me demander excuse d'avoir douté.

Le Paysan parvenu (1734).

Mariage et amour

Durée de l'amour.

Je me suis toujours défié en amour des passions qui commencent par être extrêmes ; c'est mauvais signe pour leur durée. Les gens faits pour être constants, destinés à cela par leur caractère, sont difficiles à émouvoir.

Vient-il un objet qu'ils aimeront ? ils le distinguent longtemps avant que de l'aimer : il ne fait d'abord sur eux qu'une impression imperceptible ; ils se plaisent froidement à le voir, ne le sentent presque pas absent, et peut-être point du tout, quand il l'est ; ils se passeraient de le retrouver, le retrouvent pourtant avec plaisir ; mais avec un plaisir tranquille ; s'en sépareront encore sans aucune peine, mais plus contents de lui. Ensuite ils pourront le chercher ; mais sans savoir qu'ils le cherchent : le désir qu'ils ont de le revoir est si caché, si loin d'eux, si reculé de leur propre connaissance, qu'il les mène sans se montrer à eux, sans qu'ils s'en doutent.

A la fin, pourtant, ce désir se montre, il parle en eux, ils le sentent, et n'en vont guère plus vite ; mais ils vont, et savent qu'ils vont, et c'est beaucoup. La lenteur ne fait rien à l'affaire ; le tout dans ces gens-là, c'est d'aller, de chercher l'objet, et de se dire : je le cherche.

Après cela, pourtant, ne les croyez pas encore entièrement pris.

Cette paresse, ou cette lenteur de sentiments qu'ils ont, pourra fort bien faire qu'ils en restent là, si quelque difficulté les arrête en chemin, s'il faut de la peine pour retrouver ce qu'ils cherchent, si le hasard ne les sert pas ; car ils n'aideront à rien.

Ils seront pourtant fâchés en ce cas-là : ils voudraient bien ne pas perdre leurs pas ; mais ils s'accommodent de les avoir perdus, et se tiennent en repos aussi froidement qu'ils se sont mis en haleine.

N'y a-t-il point de difficultés à vaincre ? Ils vont, comme je l'ai dit : ils cherchent avec ce paisible désir de voir, qu'ils satisfont tout doucement et à leur aise, qui, petit à petit, prend des forces, qui demande ensuite à être satisfait par préférence à d'autres envies, qui obtient cette préférence ; ensuite qui la veut sur tout, et qui l'emporte ; mais sans déranger le sang-froid de ces âmes-là, l'amour s'y introduit sans bruit, s'y établit, et s'en rend le maître de même.

Le Cabinet du philosophe, deuxième feuille (1734).

Vivre ensemble.

SILVIA. — De beauté et de bonne mine, je l'en dispense ; ce sont là des agréments superflus.

LISETTE. — Vertuchoux ! si je me marie jamais, ce superflu-là sera mon nécessaire.

SILVIA. — Tu ne sais ce que tu dis. Dans le mariage, on a plus souvent affaire à l'homme raisonnable qu'à l'aimable homme ; en un mot, je ne lui demande qu'un bon caractère, et cela est plus difficile à trouver qu'on ne pense. On loue beaucoup le sien, mais qui est-ce qui a vécu avec lui ? Les hommes ne se contrefont-ils pas, surtout quand ils ont de l'esprit ? N'en ai-je pas vu, moi, qui paraissaient, avec leurs amis, les meilleurs gens du monde ? C'est la douceur, la raison, l'enjouement même, il n'y a pas jusqu'à leur physionomie qui ne soit garante de toutes les bonnes qualités qu'on leur trouve. « Monsieur un tel a l'air d'un galant homme, d'un homme bien raisonnable, disait-on tous les jours d'Ergaste. — Aussi l'est-il, répondait-on. (Je l'ai répondu moi-même.) Sa physionomie ne vous ment pas d'un mot. » Oui, fiez-vous-y à cette physionomie si douce, si prévenante, qui disparaît un quart d'heure après pour faire place à un visage sombre, brutal, farouche, qui devient l'effroi de toute une maison ! Ergaste s'est marié ; sa femme, ses enfants, son domestique ne lui connaissent encore que ce visage-là, pendant qu'il promène partout ailleurs cette physionomie si aimable que nous lui voyons, et qui n'est qu'un masque qu'il prend au sortir de chez lui.

Le Jeu de l'amour et du hasard (1730).

Le couple.

Il y a des amants qui s'aiment depuis dix ans sans se perdre de vue. Qu'arrive-t-il ? quelquefois leur amour est tiède, il dort de temps en temps entre eux, par l'habitude qu'ils ont de se voir ; mais il se réveille, il reprend vigueur, et passe successivement de l'indolence à la vivacité. Pourquoi n'est-ce pas de même dans le mariage ? Serait-ce à cause qu'à l'autel on a juré de s'aimer ? Bon, et que signifie ce serment-là ? rien, sinon qu'on s'oblige d'agir exactement tout comme si on s'aimait, quand même on ne s'aimera plus ; car à l'égard du cœur, on ne peut se le promettre pour toujours, il n'est pas à nous, mais nous sommes les maîtres de nos actions, et nous les garantissons fidèles, voilà tout ; reste donc ce cœur dont l'amour doit toujours piquer, parce que cet amour est toujours un pur don, parce que des époux ont beau se le promettre, et qu'ils ne peuvent se le tenir qu'autant qu'ils prendront soin de se le conserver par de mutuels égards. Ainsi, des époux ne sont précisément que des amants heureux qui ne doivent point s'attacher ailleurs, mais qui malgré le mariage peuvent toujours rester glorieux et jaloux de l'honneur et du plaisir de se plaire, en ce que ce n'est pas le nœud qui les unit, mais seulement le goût qu'ils ont l'un pour l'autre, qui les rend mutuellement aimables ; et comme je vous ai déjà dit, leur devoir est de se comporter en amants, mais ils ne sont pas réellement obligés de l'être. De sorte que quand ils cessent de s'aimer, c'est un amant qui n'est plus aimable aux yeux de sa maîtresse, c'est une maîtresse qui n'a plus de charmes pour son amant. Et cela devrait humilier, ce me semble ; je ne puis comprendre comment l'amour-propre ne regarde pas cela comme une diminution de ses avantages, comment il ne songe pas à s'en épargner l'affront, car c'en est un tout de même qu'entre amants que le mariage n'a point unis ; c'est positivement la même chose.

Le Spectateur français, seizième feuille (1723).

La mère tyrannique

La tyrannie d'une mère.

MADAME ARGANTE. — Il n'est pas nécessaire ; vous faites encore mieux d'être comme vous êtes, de vous laisser conduire, et de vous en fier entièrement à moi. Oui, vous avez raison, ma fille ; et ces dispositions d'indifférence sont les meilleures. Aussi voyez-vous que vous en êtes récompensée : je ne vous donne pas un jeune extravagant qui vous négligerait peut-être au bout de quinze jours, qui dissiperait son bien et le vôtre pour courir après mille passions libertines ; je vous marie à un homme sage, à un homme dont le cœur est sûr, et qui saura tout le prix de la vertueuse innocence du vôtre.

ANGÉLIQUE. — Pour innocente, je le suis.

MADAME ARGANTE. — Oui, grâces à mes soins, je vous vois telle que j'ai toujours souhaité que vous fussiez ; comme il vous est familier de remplir vos devoirs, les vertus dont vous allez avoir besoin ne vous coûteront rien ; et voici les plus essentielles : c'est, d'abord, de n'aimer que votre mari.

ANGÉLIQUE. — Et si j'ai des amis, qu'en ferai-je ?

MADAME ARGANTE. — Vous n'en devez point avoir d'autres que ceux de M. Damis, aux volontés de qui vous vous conformerez toujours, ma fille : nous sommes sur ce pied-là dans le mariage.

ANGÉLIQUE. — Ses volontés ? Et que deviendront les miennes ?

MADAME ARGANTE. — Je sais que cet article a quelque chose d'un peu mortifiant ; mais il faut s'y rendre, ma fille. C'est une espèce de loi qu'on nous a imposée, et qui dans le fond nous fait honneur ; car entre deux personnes qui vivent ensemble, c'est toujours la plus raisonnable qu'on charge d'être la plus docile, et cette docilité-là vous sera facile, car vous n'avez jamais eu de volonté avec moi, vous ne connaissez que l'obéissance.

ANGÉLIQUE. — Oui, mais mon mari ne sera pas ma mère.

MADAME ARGANTE. — Vous lui devez encore plus qu'à moi, Angélique, et je suis sûre qu'on n'aura rien à vous reprocher là-dessus. Je vous laisse ; songez à tout ce que je vous ai dit ; et surtout gardez ce goût de retraite, de solitude, de modestie, de pudeur qui me charme en vous ; ne plaisez qu'à votre mari, et restez dans cette simplicité qui ne vous laisse ignorer que le mal. Adieu, ma fille.

L'École des mères (1732).

Le triomphe de la mère.

DORANTE. — N'en doutez pas, chère Angélique ; oui, oui, je me rends, je la désavoue ; ce n'est pas la crainte de voir diminuer mon estime pour vous qui me frappe, je suis sûr que cela n'est pas possible ; c'est l'horreur de penser que les autres ne vous estimeraient plus, qui m'effraye ; oui, je comprends, le danger est sûr. Madame vient de m'éclairer à mon tour : je vous perdrais ; et qu'est-ce que c'est que mon amour et ses intérêts, auprès d'un malheur aussi terrible ?

MADAME ARGANTE. — Et d'un malheur qui aurait entraîné la mort d'Angélique, parce que sa mère n'aurait pu le supporter.

ANGÉLIQUE. — Hélas ! jugez combien je dois l'aimer, cette mère ! Rien ne nous a gênés dans nos entrevues. Eh bien ! Dorante, apprenez qu'elle les savait toutes, que je l'ai instruite de votre amour, du mien, de vos desseins, de mes irrésolutions.

DORANTE. — Qu'entends-je ?

ANGÉLIQUE. — Oui, je l'avais instruite ; ses bontés, ses tendresses m'y avaient obligée ; elle a été ma confidente, mon amie, elle n'a jamais gardé que le droit de me conseiller ; elle ne s'est reposée de ma conduite que sur ma tendesse pour elle, et m'a laissée la maîtresse de tout ; il n'a tenu qu'à moi de vous suivre, d'être une ingrate envers elle, de l'affliger impunément, parce qu'elle avait promis que je serais libre.

DORANTE. — Quel respectable portrait me faites-vous d'elle ! Tout amant que je suis, vous me mettez dans ses intérêts mêmes ; je me range de son parti, et me regarderais comme le plus indigne des hommes, si j'avais pu détruire une aussi belle, aussi vertueuse union que la vôtre.

ANGÉLIQUE, *à part*. — Ah ! ma mère, lui dirais-je qui vous êtes ?

DORANTE. — Oui, belle Angélique, vous avez raison. Abandonnez-vous toujours à ces mêmes bontés qui m'étonnent, et que j'admire ; continuez de les mériter, je vous y exhorte ; que mon amour y perde ou non, vous le devez ; je serais au désespoir, si je l'avais emporté sur elle.

MADAME ARGANTE. — Ta mère ! Ah ! le ciel la préserve de savoir seulement qu'on te le propose ! ne te sers plus de ce nom, elle ne saurait le soutenir dans cette occasion-ci ; mais pourrais-tu la fuir ? te sentirais-tu la force de l'affliger jusque-là, de lui donner la mort, de lui porter le poignard dans le sein ?

ANGÉLIQUE. — J'aimerais mieux mourir moi-même.

MADAME ARGANTE. — Survivrait-elle à l'affront que tu te ferais ? Souffre à ton tour que mon amitié te parle pour elle : lequel aimes-tu le mieux, ou de cette mère qui t'a inspiré mille vertus, ou d'un amant qui veut te les ôter toutes ?

ANGÉLIQUE. — Vous m'accablez. Dites-lui qu'elle ne craigne rien de sa fille ; dites-lui que rien ne m'est plus cher qu'elle, et que je ne verrai plus Dorante, si elle me condamne à le perdre.

MADAME ARGANTE. — Eh ! que perdras-tu dans un individu qui n'a rien ?

ANGÉLIQUE. — Tout le bonheur de ma vie. Ayez la bonté de lui dire aussi que ce n'est point la quantité de biens qui rend heureuse, que j'en ai plus qu'il n'en faudrait avec Dorante, que je languirais avec un autre ; rapportez-lui ce que je vous dis là, et que je me soumets à ce qu'elle en décidera.

MADAME ARGANTE. — Si tu pouvais seulement passer quelque temps sans le voir ? Le veux-tu bien ? Tu ne me réponds pas, à quoi songes-tu ?

ANGÉLIQUE. — Vous le dirai-je ? Je me repens d'avoir tout dit ; mon amour m'est cher, je viens de m'ôter la liberté d'y céder, et peu s'en faut que je ne la regrette ; je suis même fâchée d'être éclaircie ; je ne vois rien de tout ce qui m'effraye et me voilà plus triste que je ne l'étais.

Ibid.

Les dangers de la confidence.

ANGÉLIQUE. — Ah ! je ne crois pas, ma mère.

...

La Mère confidente (1735).

La mère bonne (et adoptive).

Elles eurent ensuite un instant de conversation très sérieuse ; Mme de Miran se leva.

Je serai quelque temps sans vous revoir, et même sans sortir, Marianne, me dit-elle; adieu. Et puis elle salua l'abbesse et partit. Jugez de la tranquillité où elle me laissa. Qu'avais-je désormais à craindre? Par où mon bonheur pouvait-il m'échapper? Y avait-il de revers plus terrible pour moi que celui que je venais d'essuyer, et dont je sortais victorieuse? Non, sans doute, et puisque la bonté de Mme de Miran à mon égard résistait à d'aussi puissants motifs de dégoût, je pouvais défier le sort de me nuire; c'en était fait, ceci épuisait tout; et je n'avais plus contre moi, raisonnablement parlant, que la mort de ma mère, celle de son fils, ou la mienne.

Encore celle de ma mère, qui, je crois (et l'amour me le pardonne), qui, dis-je, m'aurait, je pense, été plus sensible que celle de Valville même, n'aurait pas, suivant toute apparence, empêché pour lors notre nariage; de sorte que je nageais dans la joie, et je me disais : Tous mes malheurs sont donc finis; et qui plus est, si mes premières infortunes ont commencé par être excessives, il me semble que mes premières prospérités commencent de même; je n'ai peut-être pas perdu plus de biens que j'en retrouve; la mère à qui je dois la vie n'aurait peut-être pas été plus tendre que la mère qui m'adopte, et ne m'aurait pas laissé un meilleur nom que celui que je vais porter.

La Vie de Marianne (1736).

Noblesse et naissance

La noblesse dans le sang.

Ainsi, Madame, ajouta Mme de Miran sans s'interrompre, vous voyez bien que tous les préjugés sont pour elle; que voilà de reste de quoi justifier le titre de mademoiselle que je lui donne, et que je ne saurais lui refuser sans risquer d'en agir mal avec elle. Il n'est donc point ici question de galanterie, mais d'une justice que tout veut que je lui rende. (...) Je suis fâchée qu'elle soit présente, mais vous me forcez de vous dire que sa figure, qui vous paraît jolie, est en vérité ce qui la distingue le moins; et je puis vous assurer que, par son bon esprit, par les qualités de l'âme, et par la noblesse des procédés, elle est demoiselle autant qu'aucune fille, de quelque rang qu'elle soit, puisse l'être. Oh! vous m'avouerez que cela impose, du moins c'est ainsi que j'en juge; et ce que je vous dis-là, elle ne le doit ni à l'usage du monde, ni à l'éducation qu'elle a eue, et qui a été fort simple : il faut que cela soit dans le sang; et voilà à mon gré l'essentiel.

Oh! sans doute, ajouta Valville, qui glissa tout doucement ce peu de mots; sans doute, et si dans le monde on s'était avisé de ne donner les titres de madame ou de mademoiselle qu'au mérite de l'esprit et du cœur, ah! qu'il y aurait de madames ou de mademoiselles qui ne seraient plus que des Manons et des Cathos! Mais heureusement on n'a tué ni leur père ni leur mère, et on sait qui elles sont.

La Vie de Marianne (1734).

Les contradictions d'une éthique.

LE SEIGNEUR. — Que me voulez-vous?

ARLEQUIN. — Ma noblesse m'oblige-t-elle à rien? car il faut faire son devoir dans une charge.

LE SEIGNEUR. — Elle oblige à être honnête homme.

ARLEQUIN, *très sérieusement.* — Vous aviez donc des exemptions, vous, quand vous avez dit du mal de moi?

LE SEIGNEUR. — N'y songez plus; un gentilhomme doit être généreux.

ARLEQUIN. — Généreux et honnête homme! Vertuchoux! ces devoirs-là sont bons; je les trouve encore plus nobles que mes lettres de noblesse. Et quand on ne s'en acquitte pas, est-on encore gentilhomme ?

LE SEIGNEUR. — Nullement.

ARLEQUIN. — Diantre ! il y a donc bien des nobles qui payent la taille ?

LE SEIGNEUR. — Je n'en sais point le nombre.

ARLEQUIN. — Est-ce là tout ? N'y a-t-il plus d'autre devoir ?

LE SEIGNEUR. — Non ; cependant vous qui, suivant toute apparence, serez favori du Prince, vous aurez un devoir de plus : ce sera de mériter cette faveur par toute la soumission, tout le respect et toute la complaisance possibles. A l'égard du reste, comme je vous ai dit, ayez de la vertu, aimez l'honneur plus que la vie, et vous serez dans l'ordre.

ARLEQUIN. — Tout doucement ; ces dernières obligations-là ne me plaisent pas tant que les autres. Premièrement, il est bon d'expliquer ce que c'est que cet honneur qu'on doit aimer plus que la vie. Malepeste, quel honneur ?

LE SEIGNEUR. — Vous approuverez ce que cela veut dire ; c'est qu'il faut se venger d'une injure, ou périr plutôt que de la souffrir.

LE SEIGNEUR. — Vous serez généreux et bon, quand on ne vous insultera pas.

ARLEQUIN. — Je vous entends : il m'est défendu d'être meilleur que les autres ; et si je rends le bien pour le mal, je serai donc un homme sans honneur ? Par la mardi ! la méchanceté n'est pas rare ; ce n'était pas la peine de la recommander tant. Voilà une vilaine invention ! Tenez, accommodons-nous plutôt ; quand on me dira une grosse injure, j'en répondrai une autre si je suis le plus fort. Voulez-vous me laisser votre marchandise à ce prix-là ? Dites-moi votre dernier mot.

LE SEIGNEUR. — Une injure répondue à une injure ne suffit point. Cela ne peut se laver, s'effacer que par le sang de votre ennemi ou le vôtre.

ARLEQUIN. — Que la tache y reste ! Vous parlez du sang comme si c'était de l'eau de la rivière. Je vous rends votre paquet de noblesse ; mon honneur n'est pas fait pour être noble ; il est trop raisonnable pour cela. Bonjour.

La Double inconstance (1724).

De la naissance.

Le titre que je donne à mes Mémoires annonce ma naissance ; je ne l'ai jamais dissimulée à qui me l'a demandée, et il semble qu'en tout temps Dieu ait récompensé ma franchise là-dessus ; car je n'ai pas remarqué qu'en aucune occasion on en ait eu moins d'égard et moins d'estime pour moi.

J'ai pourtant vu nombre de sots qui n'avaient et ne connaissaient point d'autre mérite dans le monde, que celui d'être nés nobles, ou dans un rang distingué. Je les entendais mépriser beaucoup de gens qui valaient mieux qu'eux, et cela seulement parce qu'ils n'étaient pas gentilshommes ; mais c'est que ces gens qu'ils méprisaient, respectables d'ailleurs par mille bonnes qualités, avaient la faiblesse de rougir eux-mêmes de leur naissance, de la cacher, et de tâcher de s'en donner une qui embrouillât la véritable, et qui les mît à couvert du dédain du monde.

Or, cet artifice-là ne réussit presque jamais ; on a beau déguiser la vérité là-dessus, elle se venge tôt ou tard des mensonges dont on a voulu la couvrir ; et l'on est toujours trahi par une infinité d'événements qu'on ne saurait ni parer, ni prévoir ; jamais je ne vis, en pareille matière, de vanité qui fît une bonne fin.

C'est une erreur, au reste, que de penser qu'une obscure naissance vous avilisse, quand c'est vous-même qui l'avouez, et que c'est de vous qu'on la sait. La malignité des hommes vous laisse là ; vous la frustrez de ses droits ; elle ne voudrait que vous humilier, et vous faites sa charge ; vous vous humiliez vous-même, elle ne sait plus que dire.

Les hommes, ont des mœurs, malgré qu'ils en aient ; ils trouvent qu'il est beau d'affronter leurs mépris injustes ; cela les rend à la raison. Ils sentent dans ce courage-là une noblesse qui les fait taire ; c'est une fierté sensée qui confond un orgueil impertinent.

Le Paysan parvenu (1734).

Servir

Les beaux exemples.

CLÉANTHIS. — Fi ! que cela est vilain, de n'avoir eu pour tout mérite que de l'or, de l'argent et des dignités ! C'était bien la peine de faire tant les glorieux ! Où en seriez-vous aujourd'hui, si nous n'avions point d'autre mérite que cela pour vous ? Voyons, ne seriez-vous pas bien attrapés ? Il s'agit de vous pardonner, et pour avoir cette bonté-là, que faut-il être, s'il vos plaît ? Riche ? non ; noble ? non ; grand seigneur ? point du tout. Vous étiez tout cela ; en valiez-vous mieux ? Et que faut-il donc ? Ah ! nous y voici. Il faut avoir le cœur bon, de la vertu et de la raison ; voilà ce qu'il faut, voilà ce qui est estimable, ce qui distingue, ce qui fait qu'un homme est plus qu'un autre. Entendez-vous, Messieurs les honnêtes gens du monde ? Voilà avec quoi l'on donne les beaux exemples que vous demandez et qui vous passent. Et à qui les demandez-vous ? A de pauvres gens que vous avez toujours offensés, maltraités, accablés, tout riches que vous êtes, et qui ont aujourd'hui pitié de vous, tout pauvres qu'ils sont. Estimez-vous à cette heure, faites les superbes, vous aurez bonne grâce ! Allez, vous devriez rougir de honte. (...) La différence des conditions n'est qu'une épreuve que les dieux font sur nous : je ne vous en dis pas davantage. Vous partirez dans deux jours et vous reverrez Athènes. Que la joie à présent, et que les plaisirs succèdent aux chagrins que vous avez sentis, et célèbrent le jour de votre vie le plus profitable.

L'Ile des esclaves (1725).

Un Dubois femelle : Flaminia.

FLAMINIA. — Et moi, je vous dis, Seigneur, que j'ai vu Arlequin ; qu'il me plaît, à moi ; que je me suis mis dans la tête de vous rendre content ; que je vous ai promis que vous le seriez ; que je vous tiendrai parole, et que de tout ce que je vous dis là je ne rabattrais pas la valeur d'un mot. Oh ! vous ne me connaissez pas. Quoi ! Seigneur, Arlequin et Silvia me résisteraient ! Je ne gouvernerais par deux cœurs de cette espèce-là ! moi qui l'ai entrepris, moi qui suis opiniâtre, moi qui suis femme ! c'est tout dire. Et moi, j'irais me cacher ! Mon sexe me renoncerait, Seigneur : vous pouvez en toute sûreté ordonner les apprêts de votre mariage, vous arranger pour cela ; je vous garantis aimé, je vous garantis marié ; Silvia va vous donner son cœur, ensuite sa main ; je l'entends d'ici vous dire : « Je vous aime » ; je vois vos noces, elles se font ; Arlequin m'épouse, vous nous honorez de vos bienfaits, et voilà qui est fini.

LISETTE, *d'un air incrédule.* — Tout est fini ? Rien n'est commencé.

FLAMINIA. — Tais-toi, esprit court.

La Double Inconstance (1724).

Honneur et domesticité.

ARLEQUIN. — Par parenthèse, dites-moi une chose ; il y a une heure que je rêve à quoi servent ces grands drôles bariolés qui nous accompagnent partout. Ces gens-là sont bien curieux !

TRIVELIN. — Le prince, qui vous aime, commence par là à vous donner des témoignages de sa bienveillance ; il veut que ces gens-là vous suivent pour vous faire honneur.

ARLEQUIN. — Oh ! oh ! c'est donc une marque d'honneur ?

TRIVELIN. — Oui sans doute.

ARLEQUIN. — Et, dites-moi, ces gens-là qui me suivent, qui est-ce qui les suit, eux ?

TRIVELIN. — Personne.

ARLEQUIN. — Et vous, n'avez-vous personne aussi ?

TRIVELIN. — Non.

(...)

TRIVELIN, *de loin.* — Quand je vous dis que nous ne méritons pas d'avoir des gens à notre suite, ce n'est pas que nous manquions d'honneur ; c'est qu'il n'y a que les personnes considérables, les seigneurs, les gens riches, qu'on honore de cette manière-là. S'il suffisait d'être honnête homme, moi qui vous parle, j'aurais après moi une armée de valets.

La Double Inconstance (1724).

Le refus du service.

Parlez franchement, il y a plusieurs choses qui peuvent vous convenir ; j'ai, par exemple, une belle-sœur qui est une personne très raisonnable, fort à son aise, et qui vient de perdre une demoiselle qui était à son service, qu'elle aimait beaucoup, et à qui elle aurait fait du bien dans la suite ; si vous vouliez tenir sa place, je suis persuadé qu'elle vous prendrait avec plaisir.

Cette proposition me fit rougir. Hélas ! Monsieur, lui dis-je, quoique je n'aie rien, et que je ne sache à qui je suis, il me semble que j'aimerais mieux mourir que d'être chez quelqu'un en qualité de domestique ; et si j'avais mon père et ma mère, il y a toute apparence que j'en aurais moi-même, au lieu d'en servir à personne.

Je lui répondis cela d'une manière fort triste ; après quoi, versant quelques larmes : Puisque je suis obligée de travailler pour vivre, ajoutai-je en sanglotant, je préfère le plus petit métier qu'il y ait, et le plus pénible, pourvu que je sois libre, à l'état dont vous me parlez, quand j'y devrais faire ma fortune. Eh ! mon enfant, me dit-il, tranquillisez-vous ; je vous loue de penser comme cela, c'est une marque que vous avez du cœur, et cette fierté-là est permise.

La Vie de Marianne (1734).

Les maîtres à l'épreuve.

IPHICRATE. — Esclave insolent !

ARLEQUIN, *riant.* — Ah ! ah ! vous parlez la langue d'Athènes ; mauvais jargon que je n'entends plus.

IPHICRATE. — Méconnais-tu ton maître, et n'es-tu plus mon esclave ?

ARLEQUIN, *se reculant d'un air sérieux.* — Je l'ai été, je le confesse à ta honte ; mais va, je te le pardonne ; les hommes ne valent rien. Dans le pays d'Athènes, j'étais ton esclave ; tu me traitais comme un pauvre animal, et tu disais que cela était juste, parce que tu étais le plus fort. Eh bien ! Iphicrate, tu vas trouver ici plus fort que toi ; on va te faire esclave à ton tour ; on te dira aussi que cela est juste, et nous verrons ce que tu penseras de cette justice-là ; tu m'en diras ton sentiment, je t'attends là. Quand tu auras souffert, tu seras plus raisonnable ; tu sauras mieux ce qu'il est permis de faire souffrir aux autres...

L'Ile des esclaves (1725).

Une certaine médiocrité ?

LA COMTESSE. — Je n'entends pas ce que cela veut dire.

LÉPINE. — Le voici au net. Elle prétend que votre état de veuve lui rapporte davantage que ne ferait votre état de femme en puissance d'époux ; que vous lui êtes plus profitable, autrement dit, plus lucrative.

LA COMTESSE. — Plus lucrative ! C'était donc là le motif de ses refus ? Lisette est une jolie petite personne !

LÉPINE. — Cette prudence ne vous rit pas, elle vous répugne ; votre belle âme de comtesse s'en scandalise ; mais tout le monde n'est pas comtesse : c'est une pensée de soubrette que je rapporte. Il faut excuser la servitude. Se fâche-t-on qu'une fourmi rampe ? La médiocrité de l'état fait que les pensées sont médiocres. Lisette n'a point de bien ; et c'est avec de petits sentiments qu'on en amasse.

LA COMTESSE. — L'impertinente! La voici. Va laisse-nous; je te raccommoderai avec ton maître; dis-lui que je le prie de me venir parler.

SCÈNE XXII
LISETTE, LA COMTESSE, LÉPINE

LÉPINE, *à Lisette.* — Mademoiselle, vous allez trouver le temps orageux; mais ce n'est qu'une gentillesse de ma façon pour obtenir votre cœur.

Il s'en va.

Le Legs (1756).

Société

La solitude.

Mais le fracas des rues écarta toutes ces idées frivoles, et me fit rentrer en moi-même.

Plus je voyais de monde et de mouvement dans cette prodigieuse ville de Paris, plus j'y trouvais de silence et de solitude pour moi : une forêt m'aurait paru moins déserte, je m'y serais sentie moins seule, moins égarée. De cette forêt, j'aurais pu m'en tirer; mais comment sortir du désert où je me trouvais? Tout l'univers en était un pour moi, puisque je n'y tenais par aucun lien à personne.

La foule de ces hommes qui m'entouraient, qui se parlaient, le bruit qu'ils faisaient, celui des équipages, la vue même de tant de maisons habitées, tout cela ne servait qu'à me consterner davantage.

La Vie de Marianne (1734).

Le lien de la société.

Après tout cela, je vais faire un aveu bien singulier; c'est que moi, qui démêlais leurs idées, qui développais leur orgueil, peu s'en fallait que je ne disse : Ils ont raison. A la lettre, la hardiesse de leur vanité, soutenue d'une belle figure, m'en imposait; je m'amusais à les trouver bien faits; et voilà comme nous sommes tous; de grandes qualités dans un homme, un grand rang, un grand pouvoir, sont toujours auprès de nous le passeport de ses défauts; et dans le fond, c'est fort bien fait à nous d'être comme cela; c'est le lien de la société des hommes que cet éblouissement de notre raison, que cette indulgence favorable aux faiblesses de ceux qui nous priment, et de qui nous sommes les inférieurs de façon ou d'autre.

Le Spectateur français, quatrième feuille (1722).

Le financier.

Mon père était le fermier de son seigneur, homme extrêmement riche (je parle de ce seigneur), et à qui il ne manquait que d'être noble pour être gentilhomme.

Il avait gagné son bien dans les affaires; s'était allié à d'illustres maisons par le mariage de deux de ses fils, dont l'un avait pris le parti de la robe, et l'autre de l'épée.

Le père et les fils vivaient magnifiquement; ils avaient pris des noms de terres; et du véritable, je crois qu'ils ne s'en souvenaient plus eux-mêmes.

Leur origine était comme ensevelie sous d'immenses richesses. On la connaissait bien, mais on n'en parlait plus. La noblesse de leurs alliances avait achevé d'étourdir l'imagination des autres sur leur compte; de sorte qu'ils étaient confondus avec tout ce qu'il y avait de meilleur à la cour et à la ville. L'orgueil des hommes, dans le fond, est d'assez bonne composition sur certains préjugés; il semble que lui-même il en sente le frivole.

Le Paysan parvenu (1734).

Le peuple.

Il est difficile de définir la population de Paris, je vais pourtant tâcher de vous en donner quelque idée.

Imaginez-vous un monstre remué par un certain instinct, et composé de toutes les bonnes et mauvaises qualités ensemble ; prenez la fureur et l'emportement, la folie, l'ingratitude, l'insolence, la trahison et la lâcheté ; ajustez tout cela, si vous le pouvez, avec la compassion tendre, la fidélité, la bonté, l'empressement obligeant, la reconnaissance et la bonne foi, la prudence même ; en un mot, formez votre monstre de toutes ces contrariétés ; voilà le peuple, voilà son génie. (...)

Le peuple est une portion d'hommes qu'une égalité de bassesse dans la condition réunit : ils se querellent, ils se battent, se tendent la main, se rendent service et se desservent tout à la fois : un moment voit renaître et mourir leur amitié ; ils se raccommodent et se brouillent sans s'entendre. Le peuple a des fougues de soumission et de respect pour le grand seigneur, et de saillies de mépris et d'insolence contre lui : un denier donné pardessus son salaire vous en attire un dévouement sans réserve ; ce denier retranché vous en attire mille outrages. Quand il est bon, vous en auriez son sang ; quand il est mauvais, il vous ôterait tout le vôtre : sa malice lui fournit des moyens de nuire, que l'homme d'esprit n'imaginerait jamais. Tel est le pathétique de ses discours, qu'il laisse, parmi les plus honnêtes gens et les meilleurs esprits, une opinion de bien ou de mal, pour ou contre vous, qui ne manque pas de vous servir ou de vous nuire.

Lettre sur les habitants de Paris (1718).

Une bonne famille.

Dis-moi, Jacob, que font tes parents à la campagne ? Hélas ! Mademoiselle, lui dis-je, ils ne sont pas riches ; mais pour honorables, oh ! c'est la crème de notre paroisse ; il n'y a pas à dire non. Pour ce qui est de la profession, mon père est le vigneron et le fermier du seigneur de notre village. Mais je dis mal, je ne sais plus ce qu'il est, il n'y a plus ni vignes ni ferme ; car notre seigneur est mort, et c'est de son logis de Paris que je sors. Pour ce qui est mes autres parents, ce n'est pas du fretin non plus, on les appelle monsieur et madame. Hors une tante que j'ai, qui ne s'appelle que mademoiselle, faute d'avoir été mariée au chirurgien de notre pays qui ne put achever la noce à cause qu'il mourut ; et par dépit de cette mort, ma tante s'est mise à être maîtresse d'école de notre village ; on la salue, il faut voir ! Outre cela, j'ai deux oncles dont l'un est curé, qui a toujours de bon vin chez lui, et l'autre a pensé l'être plus de trois fois ; mais il va toujours son train de vicaire en attendant mieux. Le tabellion de chez nous est aussi notre cousin pour le moins, et même on dit par le pays, que nous avons eu une grand-mère qui était la fille d'un gentilhomme : il est vrai, pour n'en point mentir, que c'était du côté gauche ; mais le côté droit n'en est pas loin ; on arrive en ce monde du côté qu'on peut, et c'est toujours de la noblesse à gauche.

Le Paysan parvenu (1734).

Les « étages » de la société.

Est-ce que M. Habert votre père, et devant Dieu soit son âme, était un gredin, mademoiselle ? Il était fils d'un bon fermier de Beauce, moi fils d'un bon fermier de Champagne ; c'est déjà ferme pour ferme ; nous voilà déjà, monsieur votre père et moi, aussi gredins l'un que l'autre ; il se fit marchand, n'est-ce pas ? Je le serai peut-être ; ce sera encore boutique pour boutique. Vous autres demoiselles qui êtes ses filles, ce n'est donc que d'une boutique que vous valez mieux que moi ; mais cette boutique, si je la prends, mon fils dira : Mon père l'avait ; et par là mon fils sera au niveau de vous. Aujourd'hui vous allez de la boutique à la ferme, et moi j'irai de la ferme à la boutique ; il n'y a pas là grande différence ; ce n'est qu'un étage que vous avez de plus que moi ; est-ce qu'on est misérable à cause d'un étage de moins ? Est-ce que les gens qui servent Dieu comme vous, qui s'adonnent à l'humilité comme vous, comptent les étages, surtout quand il n'y en a qu'un à redire ?

Pour ce qui est de cette rue où vous dites que votre sœur m'a rencontré, eh bien cette rue, c'est que tout le monde y passe ; j'y passais, elle y passait, et il vaut autant se rencontrer là qu'ailleurs, quand on a à se rencontrer quelque part. J'allais être mendiant sans elle ; hélas ! non pas le même jour, mais un peu plus tard, il aurait bien fallu en venir là où s'en retourner à la ferme ; je le confesse franchement, car je n'y entends point finesse ; c'est bien un plaisir que d'être riche, mais ce n'est pas une gloire hormis pour les sots ; et puis y a-t-il si grande merveille à mon fait ? on est jeune, on a père et mère, on sort de chez eux pour faire quelque chose, quelle richesse voulez-vous qu'on ait ? on a peu, mais on cherche, et je cherchais ; là-dessus votre sœur vient : Qui êtes-vous ? me dit-elle ; je le lui récite. Voulez-vous venir chez nous ? Nous sommes deux filles craignant Dieu, dit-elle. Oui-da, lui dis-je, et en attendant mieux, je la suis. Nous causons par les chemins, je lui apprends mon nom, mon surnom, mes moyens, je lui détaille ma famille ; elle me dit : La nôtre est de même étoffe ; moi je m'en réjouis ; elle dit qu'elle en est bien aise ; je lui repars, elle me repart ; je la loue, elle me le rend. Vous me paraissez bon garçon. Vous, mademoiselle, la meilleure fille de Paris. Je suis content, lui dis-je. Moi contente. Et puis nous arrivons chez vous, et puis vous la querellez à cause de moi ; vous dites que vous la quitterez, elle vous quitte la première ; elle m'emmène ; la voilà seule, l'ennui la prend, la pensée du mariage lui vient, nous en devisons, je me trouve là tout porté, elle m'estime, je la révère ; je suis fils de fermier, elle petite-fille, elle ne chicane pas sur un cran de plus, sur un cran de moins, sur une boutique en deçà, sur une boutique en delà ; elle a du bien pour nous deux, moi de l'amitié pour quatre ; on appelle un notaire...

Le Paysan parvenu (1734).

Entre vérité et mensonge

La conscience et ses masques.

D'un autre côté, je n'avais plus de retraite, et M. de Climal m'en donnait une ; je manquais de hardes, et il m'en achetait, et c'étaient de belles hardes que j'avais déjà essayées dans mon imagination, et j'avais trouvé qu'elles m'allaient à merveille. Mais je n'avais garde de m'arrêter à cet article qui se mêlait dans mes considérations, car j'aurais rougi du plaisir qu'il me faisait, et j'étais bien aise apparemment que ce plaisir fît son effet sans qu'il y eût de ma faute : souplesse admirable pour être innocent d'une sottise qu'on a envie de faire. Après cela, me dis-je, M. de Climal ne m'a point encore parlé de son amour, peut-être même n'osera-t-il m'en parler de longtemps, et ce n'est point à moi à deviner le motif de ses soins. On m'a menée à lui comme à un homme charitable et pieux, il me fait du bien : tant pis pour lui si ce n'est point dans de bonnes vues, je ne suis point obligée de lire dans sa conscience, et je ne serai complice de rien, tant qu'il ne s'expliquera pas ; ainsi j'attendrai qu'il me parle sans équivoque.

Ce petit cas de conscience ainsi décidé, mes scrupules se dissipèrent et le linge et l'habit me parurent de bonne prise.

La Vie de Marianne (1731).

Voir, savoir

L'école de l'humanité.

Figurons-nous une science d'une pratique si urgente, qu'il faut absolument que tout homme, quel qu'il soit, la sache plus ou moins et de très bonne heure, sous peine de ne pouvoir être admis à ce concours d'intérêts, de relations, et de besoins réciproques qui nous unissent les uns et les autres.

Mais en même temps figurons-nous une

science que par bonheur tous les hommes apprennent inévitablement entre eux.

Telle est la science du cœur humain, celle des grands hommes dont il est question.

D'une part, la nécessité absolue de la savoir ; de l'autre, la continuité inévitable des leçons qu'on en reçoit de toutes parts font qu'elle ne saurait rester une énigme pour personne.

Comment, en effet, serait-il possible qu'on ne la sût pas plus ou moins ?

Ce n'est pas dans les livres qu'on l'apprend, c'est elle au contraire qui nous explique les livres, et qui nous met en état d'en profiter ; il faut d'avance la savoir un peu pour les entendre.

Elle n'a pas non plus ses professeurs à part, à peine suffiraient-ils pour vous en donner la plus légère idée, et rien de ce que je dis là n'en ferait une connaissance inévitable. C'est la société, c'est toute l'humanité même qui en tient la seule école qui soit convenable, école toujours ouverte, où tout homme étudie les autres, et en est étudié à son tour ; où tout homme est tour à tour écolier et maître.

Cette science réside dans le commerce que nous avons tous, et sans exception, ensemble.

Nous en commençons l'insensible et continuelle étude presque en voyant le jour.

Nous vivons avec les sujets de la science, avec les hommes qui ne traitent que d'elle, avec leurs passions, qui l'enseignent aux nôtres, et qui même en nous trompant nous l'enseignent encore ; car c'est une instruction de plus que d'y avoir été trompé : il n'y a rien à cet égard-là de perdu avec les hommes.

Voilà donc tout citoyen du monde, né avec le sens commun le plus simple et le plus médiocre ; le voilà presque dans l'impossibilité d'ignorer totalement la science dont il est question, puisqu'il en reçoit des leçons continuelles, puisqu'elles le poursuivent, et qu'il ne peut les fuir.

Réflexions sur l'esprit humain (1744).

Le monde vrai.

Par ce Monde vrai, je n'entend un monde plus réel que le nôtre, plus véritablement existant ; car de ce côté-là, ce me semble, il n'y a rien à redire au nôtre, et le pyrrhonien le plus déterminé ne doutera jamais de sa réalité que par raison de système, et jamais par sentiment.

Ainsi, par ce mot de Monde vrai, c'est des hommes vrais que j'entends, des hommes qui disent la vérité, qui disent tout ce qu'ils pensent, et tout ce qu'ils sentent ; qui ne valent pourtant pas mieux que nous, qui ne sont ni moins méchants, ni moins intéressés, ni moins fous que les hommes de notre monde ; qui sont nés avec tous nos vices, et qui ne diffèrent d'avec nous que dans un seul point, mais qui les rend absolument d'autres hommes ; c'est qu'en vivant ensemble, ils se montrent toujours leur âme à découvert, au lieu que la nôtre est toujours masquée.

De sorte qu'en vous peignant ces hommes que j'ai trouvés, je vais vous donner le portrait des hommes faux avec qui vous vivez, je vais vous lever le masque qu'ils portent. Vous savez ce qu'ils paraissent, et non pas ce qu'ils sont. Vous ne connaissez point leur âme, vous allez la voir au visage, et ce visage vaut bien la peine d'être vu ; ne fût-ce que pour n'être point la dupe de celui qu'on lui substitue, et que vous prenez pour le véritable. (...)

Mais que gagnerai-je à cela ? me direz-vous peut-être. En me faisant connaître les hommes, vous allez me dégoûter d'eux. Je ne me soucierai plus de leur commerce. Je m'occupe aujourd'hui du soin de mériter leur estime ; il m'est doux de l'obtenir, ou de croire l'avoir obtenue, et je n'en voudrai plus. Je perdrai celle que j'ai pour eux, et qui me fait plaisir. Mon cœur et ma raison rompront avec eux, ne serai-je pas bien avancé ? Non, vous dis-je, laissez-moi comme je suis ; ma condition dans ce monde est de jouir, et non pas de connaître. Je sais bien en gros que les hommes sont faux ; que dans chaque homme il y en a deux, pour ainsi dire : l'un qui se montre, et l'autre qui se cache. Celui qui se montre, voilà le mien aujourd'hui ; voilà celui avec qui je dois vivre : à l'égard de celui qui se cache, sans doute il aura son tour pour être vu ; car enfin il faudra que tout se retrouve. L'éternité des temps n'est pas toute consacrée au mensonge ; mais ne dérangeons point l'ordre des choses, n'anticipons point sur les spectacles. Si de même que nos corps sont habillés, nos âmes à présent le sont aussi à leur manière, le temps du dépouillement de nos corps arrive quand nous mourons. Mais pour aujourd'hui, je m'en tiens à ce que je vois ; gardez vos découvertes ; je ne vous les envie point, et je vous crois fort à plaindre de les avoir faites.

Moi, point du tout, vous vous trompez ; je ne saurais vous exprimer le repos, la liberté, l'indépendance dont je jouis. Je n'ai jamais été si content ; je ne me suis jamais diverti de si bon cœur que depuis ma découverte. Je suis à la comédie depuis le matin jusqu'au soir.

Le Cabinet du philosophe, sixième et septième feuilles (1734).

Savoir ignorer.

En général, il peut y avoir un degré d'ignorance meurtrière parmi les hommes en fait de morale.

Il y a un degré de connaissance qui leur nuit peut-être encore davantage.

Il y a une médiocrité de connaissance dont ils se trouveraient mieux, et qui est le point où il faudrait qu'ils fussent.

Dans ce degré médiocre, ils en sauraient assez pour savoir se rendre suffisamment heureux, et pas assez pour savoir échapper aux reproches d'être méchants.

Plus les hommes, par la finesse de leur esprit, connaissent d'iniquités de cœur, et plus ils commettent de crimes.

En vain cette même finesse leur apprend-elle de nouvelles vertus, ils s'en tiennent à les savoir, et ne les exercent pas ; mais pour des crimes, malheur à toute société d'hommes qui ont assez d'esprit et d'expérience pour savoir en combien de façons fines, secrètes et impunies, on peut manquer d'honneur, de justice et de vertu.

Il faudrait donc pour le bonheur des hommes, qu'ils ne fussent ni trop ignorants ni trop avancés.

Trop d'ignorance leur donne des mœurs barbares ; le trop d'expérience leur en donne d'habilement scélérates.

La médiocrité de connaissance leur en donnerait de plus douces.

Réflexions sur les hommes (1751).

Ignorer ce qu'on sait.

Entre gens de même profession, de même métier ou de même talent, toute la justice que les hommes peuvent se rendre, c'est d'estimer très sobrement ceux qui sont très estimables.

Ils ne s'avouent pas entre eux plus d'estime que cela ; ce qu'ils en doivent de plus est dans le fond de leur conscience, où ils ne veulent pas la voir. Leur amour-propre fait si bien, qu'il ne la sait pas lui-même, quoiqu'il ait toujours besoin de se persuader qu'il l'ignore.

Qu'on demande par quel art ce que je dis là peut se passer dans l'esprit, et comment il est possible qu'un homme connaisse une vérité, et en même temps se garde le secret de la connaissance qu'il en a !

C'est ce qui serait si difficile à expliquer qu'on ne s'entendrait pas.

Ibid.

Une femme occupée à cacheter une lettre, gravure de Fessard d'après Chardin. Sur le thème, familier ou hollandais, de la *lettre d'amour*, Chardin, en 1731, met en présence la maîtresse et le serviteur… *(Cliché Roger-Viollet).*

B. SUR MARIVAUX ET SON THÉÂTRE

1. Il y a surtout dans ses ouvrages un caractère de philosophie, d'humanité et d'indépendance dans lequel j'ai trouvé, avec plaisir, mes propres sentiments. Il est vrai que je lui souhaite quelquefois un style moins recherché et des sujets plus nobles. Mais je suis bien loin de l'avoir voulu désigner en parlant des comédies métaphysiques. Je n'entends par ce terme que ces comédies où l'on introduit des personnages que ne sont point dans la nature, des personnages allégoriques propres tout au plus pour le poème épique, mais très déplacés sur la scène, où tout doit être peint d'après la nature. Ce n'est pas, ce me semble, le défaut de M. de Marivaux. Je lui reprocherai au contraire de trop détailler les passions et de manquer quelquefois le chemin du cœur, en prenant des routes un peu trop détournées. J'aime d'autant plus son esprit que je le prierais de le moins prodiguer. Il ne faut point qu'un personnage de comédie songe à être spirituel, il faut qu'il soit plaisant malgré lui et sans croire l'être. C'est la différence qui doit être entre la comédie et le simple dialogue.

Voltaire, *Lettre à Berger* (1736).

*

2. « Marivaux est le génie le plus singulier qui soit en France (...) Ses comédies n'en sont point, ce sont des romans qui tantôt font rire, tantôt font pleurer. Son style est unique, ou plutôt son style n'en est pas un : pour écrire comme il écrit, il faut être lui-même : il écrit comme peint Chardin ; c'est un genre, un goût que l'on admire, et que personne ne peut atteindre : leurs copistes ne peuvent faire que des monstres. »

L'Affichard (1745).

*

3. Depuis longtemps on a fait à M. de Marivaux le reproche maladroit de mettre trop d'esprit dans ses comédies (...)

Reprocher à cet auteur d'avoir trop d'esprit, c'est en manquer ou abuser de celui qu'on a. J'ai toujours regardé M. de Marivaux comme le *Racine* du théâtre comique, habile à saisir les sentations imperceptibles de l'âme, heureux à les développer. Personne n'a mieux connu la métaphysique du cœur, ni mieux peint l'humanité.

Sentiments nobles, jalousie élevée, amour-propre raffiné, plaisanterie de bon ton, gaieté subalterne, tout se trouve réuni dans les pièces de cet auteur qui ne sont un *jargon mystique* que pour ceux qui fuient les charmes du style et qui ignorent le ton du théâtre.

Chevrier, Préface du *Quart d'heure d'une jolie femme* (1753).

*

4. Au lieu de *faire ma fortune,* idée qui dégrade un peu le caractère de Dorante, et le rend par là moins intéressant, mettez *de servir la passion que j'ai pour Araminte.* Rayez *faire ma fortune.* » (...)

« Rayez *tournez un peu que je vous considère...* Expression trop familière dans la bouche d'un valet. Mettez *allons, Monsieur, que je vous considère et plus [puis ?] allons, vous vous moquez,* etc. » (...)

« Un jeune avocat devient le matin l'intendant d'une veuve fort riche; cette veuve devient amoueuse folle l'après-dînée ; et l'avocat devient son mari le soir.

« En filant cette action et en lui donnant la durée qu'elle doit avoir naturellement, ce sujet pouvait aisément fournir la matière d'un roman intéressant. Mais tenter de le réduire en comédie, c'est ce qui aurait paru impraticable à tout autre qu'à M. de Marivaux. Il y a réussi supérieurement. Il a rendu l'amour de cette femme non seulement vraisemblable, mais de la plus grande vérité par l'art qu'il a mis à faire passer cette jeune veuve par toutes les gradations du sentiment les plus fines et les plus délicates. Tout y est parfaitement nuancé; c'est un chef-d'œuvre que cette comédie ; c'est une espèce de *magie dramatique.* »

Remarques de Collé sur le manuscrit de l'auteur.

*

5. « M. de Voltaire disait de lui qu'il passait sa vie à peser des riens dans des balances de toiles d'araignée ; aussi le marivaudage a passé en proverbe en France... Le souffle vigoureux de la philosophie a renversé depuis une quinzaine d'années toutes ces réputations étayées sur des roseaux. »

Grimm, *Correspondance littéraire* (1763).

*

6. « Marivaux a travaillé près d'un demi-siècle pour les théâtres de Paris : sa première pièce est de l'an 1712, et il est mort en 1763, à l'âge de soixante-douze ans. Le nombre de ses comédies s'élève à une trentaine environ : Arlequin joue un rôle dans plus des deux tiers de ces pièces, parce que l'auteur les destinait à la scène italienne. *Les Fausses Confidences* appartiennent à cette catégorie; jouées pour la première fois en 1763, sans grand succès, elles furent reprises deux ans plus tard avec un succès d'autant plus grand.

Les pièces de Marivaux, malgré la diversité des caractères et des intrigues, ont entre elles un grand air de ressemblance. On y trouve toujours le même esprit chatoyant et trop souvent recherché, la même analyse métaphysique des passions, le même langage fleuri et rempli de néologismes. Ses plans ne présentent qu'une étendue fort restreinte; mais, en habile chorégraphe, il sait parcourir le cercle étroit qu'il s'est tracé à pas si petits et cependant si nettement gradués, qu'à la fin nous croyons avoir fait avec lui autant de chemin qu'avec un autre.

Lessing (1767).

*

7. On a observé que les fables des comédies de M. de Marivaux étaient plutôt des fables de romans que de comédies. En effet pour que l'action de ces pièces pût se passer naturellement, il faudrait lui supposer une durée de plusieurs mois ; et pourtant l'auteur trouve moyen de resserrer cette action dans l'espace de vingt-quatre heures, avec une sorte de vraisemblance.

Il paraît bien singulier que dans *la Surprise de l'amour,* par exemple, des gens parviennent à s'aimer à la fureur dans le court intervalle d'une journée. Il est vrai qu'ils se connaissaient auparavant ; mais que dans *les Fausses Confidences,* une jeune veuve très riche voie pour la première fois de sa vie un avocat sans biens, dont elle fait son intendant à midi, et qu'à six heures du soir elle en soit éprise au point de l'épouser malgré sa mère, avec laquelle elle se brouille pour ce mariage ; enfin que l'auteur ait la magie de faire trouver cet événement tout simple, ce ne peut être que l'effet d'un talent singulier que personne n'a porté plus loin que M. de Marivaux. Disons mieux. Cet art n'est qu'à lui. Lui seul a eu le secret de ces gradations de sentiments, de ces scènes heureusement filées, qui lui tenaient lieu d'incidents pour soutenir son action (...) C'est à la finesse extrême de ses observations, à la profonde connaissance qu'il avait du cœur des femmes, à l'analyse exacte qu'il avait su faire de leurs mouvements les plus cachés, qu'il a été redevable de ses succès. En un mot, la vérité qui ne meurt jamais, comme nous l'avons déjà dit, fera vivre, malgré tous leurs défauts, la plupart de ses romans et de ses comédies, et M. de Marivaux sera toujours cité parmi les peintres de la nature.

Palissot, *Œuvres* (1777).

*

8. Observateur minutieux du genre humain, il s'était fait une étude particulière de reconnaître les plus petits motifs de nos sentiments et de nos déterminations. C'était là son talent, et l'on ne peut disconvenir de la vérité de ses observations ; mais il ne faut pas se laisser abuser par ce genre de mérite, et l'on doit remarquer qu'en en faisant parade on en diminue l'effet. Marivaux ne nous donne pas le résultat de son observation, mais l'acte même de l'observation. Les paroles de chaque personnage sont toujours arrangées de façon à montrer que la théorie de son cœur était bien connue de l'auteur. Une scène de Molière est une représentation de la nature ; une scène de Marivaux est un commentaire sur la nature. Avec une telle manière de procéder, il ne reste plus que de peu de place pour l'action et pour le sentiment. L'auteur a attaché tant d'importance à expliquer les causes que le résultat demeure sans effet.

Barante, *Tableau littéraire du* XVIIIe *siècle* (1809).

*

9. Le marivaudage nous est apparu comme un badinage, non pas libertin, mais grave au fond, comme l'alliance d'une forme de sensibilité et d'une forme d'esprit. Rapprochée de la tendresse chimérique propre aux romans précieux comme de la passion brutale qui, en fait, a dû en tenir la place, cette notion suppose, non seulement un progrès de la sensibilité sur lequel l'essentiel a été dit, mais un affinement du goût auquel les néo-précieux, à la suite des Modernes, ont contribué pour leur part. Qui ne voit que l'enrichissement des ressources stylistiques, découverte de la suggestion substituée parfois à l'expression, mise au point d'une rhétorique plus lyrique qu'oratoire, pour ne citer que ces deux exemples, répond réellement à des besoins nouveaux ?

Qui dit de nos jours marivaudage pense à un dialogue. Cette acception inconnue du XVIIIe siècle constitue par elle-même une sorte d'hommage à un maître du style dramatique. Les interprètes modernes de Marivaux louent unanimement son art exceptionnel dans ce domaine. Les « dialoguistes » brillants n'ont assurément pas manqué depuis à la scène ou au cinéma français. Mais nul n'avait songé avant lui, et nul n'a songé depuis, à faire du dialogue un élément autonome, aux lois distinctes des lois psychologiques ordinaires, principe de progression, de trouble ou de retard. Pour qu'une telle conception prît naissance, il fallait qu'un faisceau de conditions fussent remplies : existence d'une société susceptible de fournir des modèles, puis d'apprécier les résultats, d'un écrivain versé dans cette société et ayant le goût de la parole, d'interprètes capables de donner un air spontané au procédé. (...) On s'aperçoit maintenant ce que peut être le secret du marivaudage. Il n'est pas tant dans le secret du style que l'intuition du rôle joué par le langage dans le drame et dans la vie.

F. Deloffre, *Une préciosité nouvelle, Marivaux et le marivaudage* (1955).

*

10. ... La scène 12 [de l'acte III] est le véritable dénouement. La nature en est très particulière et demanderait encore une longue analyse, dont il peut suffire d'indiquer ici les lignes essentielles.

L'amour d'Araminte pour Dorante s'est développé sous l'effet des pressions sentimentales et sociales que la pièce rend claires. Mais Araminte n'a rien dit. Jusqu'à la fin, elle n'a pas un mot qui indique qu'elle soit sensible au charme de son intendant. Elle est d'ailleurs surveillée de si près par tous les personnages qu'à l'instant où elle prononcerait ce mot, la pièce serait finie. Même dans la scène de dénouement, elle ne peut qu'éviter de parler, affirmer qu'*il faut se quitter* ou épiloguer sur l'épisode du portrait, qui appartient au passé. L'expression du dénouement dans le dialogue ne peut donc être atteinte que par une brusque décision, par un saut dans l'inconnu, par une rupture. La technique classique faisait progresser de pair les sentiments et leur expression. Marivaux justifie l'évolution psychologique de ses personnages avec autant de rigueur que Racine, mais il ne leur permet jamais un langage direct. Leurs paroles laissent transparaître leurs moindres émotions, mais s'accrochent désespérément à des conventions qui ne s'écrouleront qu'au dénouement. Celui-ci est donc un saut.

On pourrait aussi désigner le procédé par le terme d'abréviation, que suggèrent de curieuses allusions dans *Le Dénouement imprévu, L'Heureux Stratagème* et *Les Sincères.* Il s'agit en effet d'abréger le langage au point de le rendre presque inutile. Comme le disait récemment un pénétrant analyste de la langue de Marivaux, F. Deloffre : « *Tandis que, pour aimer, les personnage naïfs devaient d'abord accéder au plan des mots, les Dorante et les marquises doivent renoncer à un mode d'expression trop raffiné pour s'en remettre au langage du cœur.* » Il est normal qu'il en soit ainsi pour un théâtre aussi profondément enraciné dans le langage que l'est celui de Marivaux. Le langage ne peut mener qu'au langage. Quand les sentiments qu'il exprime en les dissimulant sont devenus irrépressibles, l'aveu éclate. Cette explosion provoquée par le langage détruit le langage, et le dénouement est atteint quand il n'est plus nécessaire de parler.

... Dans la mesure où Marivaux est un grand auteur dramatique, il est normal qu'il ait reçu un éclairage nouveau de la part de ceux qui, au XXe siècle, ont repensé en profondeur la notion même de théâtre. Cette *rethéâtralisation du théâtre*, comme l'appelle Georg Fuchs, et qui est, sous des noms divers, l'objectif de tous les metteurs en scène et théoriciens d'avant-garde depuis Antoine, il appartenait à Pirandello, le premier en notre siècle, de lui donner une expression littéraire frappante. De ses pièces les plus démonstratives, *Chacun sa vérité, Six personnages en quête d'auteur, Ce soir on improvise,* se dégage une idée commune, fondamentale et féconde, qui, entre autres applications, peut fournir une clef nouvelle pour l'œuvre de Marivaux, et qu'on pourrait formuler ainsi : la fiction est aussi efficace que la réalité. Certes, cette idée est datée. Vers les mêmes années 1920, elle est au centre de la psychanalyse de Freud, qui connaît, comme le théâtre de Pirandello, un retentissement mondial. Mais elle existe aussi, à titre d'éléments parmi d'autres et qui ne s'est pas encore imposé au premier plan, dans le système de théâtre qui était employé en

France plusieurs générations avant Marivaux. J'ai pu montrer que l'obstacle fictif était, dans la dramaturgie classique française, aussi important, et parfois même plus important, que l'obstacle réel. Le goût pour le fictif s'est répandu à la fin du XVIIe siècle et au début du XVIIIe dans les formes populaires du théâtre français présentées par la Foire ou par les Comédiens italiens : puisque ce théâtre ne peut aborder les grands sujets, puisqu'il recherche un comique social revendicatif et une complicité avec le public, les nouveaux auteurs se sont rabattus sur les ressorts, ils les ont montrés à nu et en ont éprouvé, peut-être avec surprise, la force dramatique. Ce prépirandellisme (déjà italien en partie) devait aboutir à Marivaux, puisque celui-ci écrit dans cette tradition pour la troupe italienne et en fonction des acteurs mêmes aux talents desquels il ajustait ses rôles. Ces jeux de la fiction et de la vérité sont donc à la fois des conséquences historiquement explicables et des causes de la modernité de Marivaux, puisque nous y sommes aujourd'hui plus sensibles qu'aux jeux de l'amour et du hasard.

J. Scherer, *Cahiers Renaud-Barrault* n° 28, janvier 1960.

*

11. Les *Fausses Confidences* font de Dubois, meneur de jeu virtuose, un équivalent masculin de Flaminia et le type accompli de l'acteur témoin ; il est l'œil, omniprésent et omniscient, prévoyant tout ce qui se produira dans les sensibilités de ces amoureux dont il est le vrai maître : « je m'en charge, je le veux, je l'ai mis là..., je connais l'humeur de ma maîtresse..., je vous conduis. » Son diagnostic est péremptoire et sans défaut : « elle se débattra tant, elle deviendra si faible, qu'elle ne pourra se soutenir qu'en épousant ; vous m'en direz des nouvelles » (I, 2) ; les événements semblent lui donner tort, Araminte excédée le rabroue, il jubile : « Voici l'affaire dans sa crise » (II, 16) ; Dorante croit tout perdu, lui se frotte les mains, il voit plus profond et plus loin que ces cœurs en émoi que leur émotion empêche de rien voir ; il est si sûr de son affaire, il pénètre si bien les ressorts des passions en cours qu'il peut se permettre les gaffes volontaires, les stratagèmes hasardeux, tous ses coups portent juste. (...)

De la sorte, avec de nombreuses variantes, chaque pièce se développe sur un double palier, celui du cœur qui « jouit de soi » et celui de la conscience spectatrice. Où est la vraie pièce ? Elle est dans la surimpression et l'entrelacement des deux plans, dans les décalages et les échanges qui s'établissent entre eux et qui nous proposent le plaisir subtil d'une attention binoculaire et d'une double lecture.

Mais revenons au double registre. Les communications entre les deux paliers sont multiples. les personnages témoins ne se bornent pas à regarder les héros aller leur train, ils interviennent pour diriger leur progression quand elle menace de stagner. Toute pièce de Marivaux est une marche vers l'aveu ; elle est faite d'aveux graduels et voilés ; la scène dominante de chaque acte est toujours la scène d'aveu, c'est autour d'elle que l'acte s'organise. Aussi le rôle des acteurs témoins sera-t-il de faciliter ou de provquer sans en avoir l'air un aveu qui tarde, parce que les cœurs marivaudiens sont lents, ou un aveu qui se refuse, parce que les cœurs se dérobent ou se dissimulent. Un amour destiné à durer a des débuts si imperceptibles, il est tellement invisible à ceux qui l'éprouvent, « si caché, si loin d'eux, si reculé de leur propre connaissance, qu'il les mène sans se montrer à eux, sans qu'ils s'en doutent » (IX, 548). Comment viendrait-il au jour sans l'action stimulante de ces observateurs sagaces qui, eux, s'en doutent ? (...)

La conscience spectatrice ne se borne pas à surprendre les « hasards » qu'elle épie, il lui arrive aussi, comme à tout auteur, même s'il est Marivaux, de « composer », d'orienter la marche trop hésitante du cœur mis en observation.

De ce point de vue, toute pièce de Marivaux pourrait se définir : un organisme à double palier dont les deux plans se rapprochent graduellement jusqu'à leur complète jonction. La pièce est finie quand les deux paliers se confondent, c'est-à-dire quand le groupe des héros regardés se voit comme les voyaient les personnages spectateurs. Le dénouement réel, ce n'est pas le mariage qu'on nous promet au baisser du rideau, c'est la rencontre du cœur et du regard.

De fait, au fond des scènes d'aveu qui dominent ce théâtre, il y a toujours un peu de comédie et de jeu, qu'on joue à soi-même en même temps qu'au partenaire, un jeu où se rencontrent la connaissance et l'ignorance, le camouflage inconscient et la conscience du camouflage. (...) Chaque pièce, chaque scène d'aveu combine différemment ces alliages microscopiques : savoir, ne pas savoir, savoir qu'on ne sait pas, dérober qu'on sait et cacher qu'on le dérobe... L'Araminte des *Fausses Confidences,* pour garder auprès d'elle l'intendant amoureux qu'elle aime ou va aimer sans se l'avouer, ne cesse de se donner des raisons qui sont autant de petits mensonges, mais mensonges de bonne foi, où se glisse pourtant une pointe de mauvaise foi ; ce sont les mélanges indiscernables de la simulation et de la sincérité, de la méprise et de la duperie ; c'est toujours, plus ou moins, une comédie que le cœur se joue et nous joue. C'est la comédie des amoureux, des tendres, de ceux que le cœur mène — où ils veulent aller, tout en disant qu'ils ne le veulent pas.

J. Rousset, *Forme et signification* (1957), Corti, 1963.

*

12. Dans le jeu à l'impromptu tel qu'on le pratique dans la *commedia dell'arte,* le dialogue s'enchaîne autour de mots-repères apparaissant à la fin des répliques. En exploitant au maximum ce procédé, le *marivaudage* innove sur le dialogue de la comédie classique, dans lequel les tirades ou les répliques sont ordinairement juxtaposées ou alignées plutôt qu'enchaînées. Chez Marivaux, c'est avant tout sur le mot qu'on réplique, et non plus sur la chose. Mais chaque reprise de mots signifie différence d'interprétation, chicane, discussion, rebondissement imprévu, progression dramatique enfin. Le langage n'est plus le signe de l'action, il en devient la substance même. Organisme complexe dans une société qui lui accorde une grande place, il vit d'une vie propre ; d'abord intermédiaire nécessaire entre les êtres humains, il finit par opposer une résistance à leur communication. Aussi, au fur et à mesure que la pièce progresse vers une « transparence de soi-même à soi-même et de soi-même à l'autre », comme le dit Gabriel Marcel, sa fonction est-elle de plus en plus précaire, et le moment vient soudain où il cède la place à d'autres modes d'expression, geste ou regard, intermédiaires plus directs de l'âme qui, pour sa part, « ne prend jamais un mot pour un autre ».

F. Deloffre, Introduction au *Théâtre complet* de Marivaux, Garnier, 1968.

*

13. ... Plutôt que de marivaudage, parlons donc d'*épreuve :* déchiré entre ce qu'il est et ce qu'il a été, entre son moi et son surmoi social, entre ce qu'il voudrait dire et ce qu'il dit, le personnage marivaudien joue pour éprouver l'autre et pour s'éprouver lui-même face à l'autre. C'est par des « routes un peu détournées » qu'il trouve « le chemin du cœur ».

Le premier mouvement de l'épreuve est dirigé vers l'autre : est-il digne qu'on l'aime, vaut-il qu'on lui sacrifie, par exemple, l'espoir d'un riche mariage et d'une position sociale élevée, sera-t-il fidèle ? Car la surprise ne nous a rien appris de tout cela : elle est de l'ordre de la révélation, non de celui de la preuve. Maintenant il importe de vérifier la surprise par la raison. Nul ne peut hasarder toutes ses certitudes, sa manière de vivre, sur l'évidence d'un seul instant : le sens et le regard ont beau avoir été subjugués, cela ne suffit pas pour prendre une décision qui engagera la vie entière.

B. Dort, « A la recherche de l'amour et de la vérité... » *Les Temps modernes,* janvier 1962.

*

14. La réalité immédiate de 1737 se présente très simplement : on veut être riche et être honoré. Or pour être honoré, point n'est besoin (comme il est dit dans la *Vie de Marianne*) d'être honorable : l'honneur est un attribut fictif, l'argent est une puissance réelle. Araminte, jeune veuve charmante et riche, est condamnée à faire un mariage honorifique et avantageux. Comment l'arracher à ce destin ? C'est tout le sujet de la pièce. Pour désagréger enfin une réalité sociale que Marivaux se garde bien de caricaturer, il faudra que s'allient le rêve de Dorante et celui de Dubois, et que se brise le rêve naïf de la pauvre Marton.

Dorante rêve éveillé : il est trop amoureux pour rien entreprendre par lui-même, il reste passif et extasié, tout absorbé dans la contemplation d'Araminte : il veut la voir, encore et toujours. Alors intervient le fidèle Dubois, acteur, metteur en scène et double ténébreux de Dorante : il va réaliser ce que dans sa sincérité tremblante son maître serait incapable d'accomplir, et vivre par substitution ls plaisirs les plus profonds que peut connaître un séducteur. Cent ans plus tard Vautrin fera « vouloir le bon Dieu »...

Vous vous emparez de son bien, de son cœur, et cette femme ne criera pas ?

Tout est justifié dès qu'il s'agit de faire vivre « cette femme », avec ses sens et avec son cœur, de *faire parler* l'amour dans cette société de 1737 :

Je vous conduis et on vous aimera, toute raisonnable qu'on est; on vous épousera, toute fière qu'on est, et on vous enrichira, tout ruiné que vous êtes, entendez-vous ? Fierté, raison et richesse, il faudra que tout se rende. Quand l'amour parle, il est le maître, et il parlera.

Admirables cadences... Comme tous ces virtuoses où Marivaux a tant mis de lui-même (Colombine, Flaminia, Léonide, Merlin), comme à certains moments privilégiés le narrateur de *la Recherche du temps perdu,* Dubois unit à un sang-froid imperturbable l'enthousiasme le plus chaleureux. Omniprésent, il met en scène son assurance et cultive avec tant d'humour son rêve de superpuissance qu'il désamorce ce qu'il pourrait y avoir de déplaisant dans son rôle : cet homme de main est un esthète (dira-t-on aussi : un extraordinaire activiste ?), la projection de l'auteur dans sa pièce. Suivant la logique du poète, son intervention était indispensable pour qu'au plein moment de la « comédie larmoyante » le sentiment pût enfin triompher des préjugés dans le cœur d'Araminte.

H. Coulet et M. Gilot, *Marivaux et le marivaudage,* Larousse, 1973.

*

15. Nous pouvons maintenant prendre la mesure de la singularité et de la fragilité de ce théâtre. Certes, ses structures sont en apparence celles de la dramaturgie classique : unité de lieu et d'action, sinon toujours de temps, nombre restreint de personnages... Mais l'épreuve y a remplacé le conflit. C'est là un changement capital. Devant être, par définition, résolu sur la scène même, le conflit, qui est le produit de contradictions passagères entre l'ordre et les valeurs transcendantes, renvoie le spectateur à un monde unifié, d'autant plus cohérent que le spectacle a en quelque sorte écarté de lui le spectre de tout désaccord.

Au lieu de célébrer une unité (unité que le conflit ne trouble que pour mieux la restaurer), le théâtre marivaudien décri un *équilibre* — équilibre sans cesse menacé qui ne se perpétue que par le jeu. Pour atteindre à l'Amour et à la Vérité, les maîtres doivent mimer l'inconstance et accepter le mensonge ; pour disposer d'eux-mêmes, les valets sont obligés de renchérir sur leur subordination aux maîtres. Rien, dans l'univers marivaudien, ne peut s'acquérir directement, sans risque de troubler l'ordre même de la société. Marivaux raisonne comme l'un de ses personnages : « J'avoue qu'il est fâcheux que le monde pense ainsi, mais dans le fond on n'a pas tant de tort ; la différence des conditions est une chose nécessaire dans la vie, et elle ne subsisterait plus, il n'y aurait plus d'ordre, si on permettait des unions aussi inégales que le serait la vôtre, on peut dire aussi monstrueuse, ma fille. »

Nulle révolte donc, pas même une exigence de réforme chez Marivaux. Mais une volonté de comprendre comment dans un ordre donné les hommes peuvent s'accomplir. Aussi les personnages marivaudiens ne s'affrontent-ils jamais dans un grand combat singulier où ils mettraient en jeu leur destin et celui de la société qu'ils représentent ; ils se frôlent, ils s'interrogent, leur débat est lent et sourd, il progresse à pas comptés : il est lutte avec soi plutôt que combat avec l'autre. Car il n'y a pas ici de dehors et dedans, pas d'opposition entre l'intériorité des personnages et l'extériorité des lois sociales. C'est en lui-même que le héros marivaudien retrouve les impératifs sociaux. Aussi ses armes sont-elles bien incertaines : le discours, au sens classique du terme, lui est refusé, et, loin d'avoir à son service un langage acéré et efficace, il est obligé de maîtriser jusqu'au langage.

S'étant assigné pour tâche de montrer en clair ce « monde vrai », le dramaturge Marivaux n'exalte ni ne condamne le double jeu des maîtres et des valets, des valeurs et de l'ordre : en effet « le philosophe ne hait ni ne fuit les hommes, quoiqu'il les connaisse ; il n'a pas cette puérilité. Sans compter qu'ils lui servent souvent de spectacle, il est lui-même, en sa qualité d'homme, uni à eux par une infinité de petits liens dont il sent l'utilité et la douceur ».

Le théâtre marivaudien est à la fois connaissance et jouissance. Connaissance du « monde vrai », où l'on voit le visage sous le masque, le réel sous la comédie, « l'homme qui se cache » sous « l'homme qui se montre » et compréhension de la nécessité de ce double jeu où chacun « fait semblant de faire semblant ». Jouissance, aussi, de l'équilibre d'une société qui ne croit plus en ses valeurs ni en son ordre mais qui craint le désordre et ne s'est pas encore donné de nouvelles valeurs. Ajoutons que, dans la mesure où les personnages marivaudiens sont souvent les spectateurs de leur propre jeu, les spectateurs contemporains de Marivaux devaient tout naturellement se sentir les comédiens du monde vrai tel qu'il leur était présenté...

Les comédies tardives de Marivaux sont grosses de lendemains violents. A Dorante, l'amoureux parfait des *Fausses Confidences,* se superpose la figure de Dubois, ce double vorace et intrigant, qui est peut-être la vérité de Dorante. Le poids de l'argent, des intérêts matériels à sauvegarder ou à conquérir, se fait de plus en plus impérieux. L'éducation sociale des personnages marivaudiens coïncide maintenant avec la transformation d'une société. Derrière l'épreuve, une nouvelle forme dramaturgique s'esquisse : celle d'un conflit réel (et non plus imaginaire) entre les intérêts et les sentiments. La comédie bourgeoise s'élabore.

B. Dort, « A la recherche de l'amour et de la vérité... », *Les Temps modernes,* janvier 1962.

*

Aubin Imprimeur
LIGUGÉ, POITIERS

Achevé d'imprimer en août 1987
N° d'édition 5333 / N° d'impression L 25082
Dépôt légal, août 1987
Imprimé en France